Människor och AI – fem år senare

Daniel Akenine och Jonas Stier

Människor och AI – fem år senare

En bok om artificiell intelligens och oss själva

Boken är ett initiativ inom addAI.org med stöd av Automation Region.

© 2023 Daniel Akenine och Jonas Stier
Sättning och omslagsutformning: BoD – Books on Demand
Förlag: BoD – Books on Demand, Stockholm, Sverige
Tryck: BoD – Books on Demand, Norderstedt, Tyskland
ISBN: 978-91-8080-286-4

Innehåll

1. Inledning

Daniel Akenine & Jonas Stier

Fem år har gått sedan boken *Människor och AI* kom ut. Ur den samlade mänsklighetens perspektiv är detta inte mer än ett ögonblick. Likväl har mycket hänt och världen är inte riktigt likadan. En pandemi, återigen krig i Europa och en fortsatt hyper-snabb digital utveckling är några saker som kan framhållas.

När det gäller covid-19-pandemin visar den hur externa, inledningsvis lokala, oförutsägbara händelser både får globala återverkningar och driver på teknikanvändning. På några få år har Zoom, Teams, Skype och Google docs blivit en del av många människors vardag. Distansarbete, ökade krav på säker datalagring och allt större krav på att kunna hantera stora datamängder är några ytterligare saker som har debatterats och samtidigt i någon mån normaliserats. Förutom ett enormt mänskligt lidande och materiell förstörelse har kriget i Ukraina också inneburit att den digitala teknikens betydelse i modern krigsföring, underrättelseverksamhet och propaganda har uppmärksammats.

Desinformation, cyberkrigsföring, dataintrång och övervakning är sådant som har diskuterats de senaste åren. Därtill kommer en mer allmän debatt om digitaliseringens möjligheter och risker, kring säkerhet, integritet, ansvar, lagstiftning och etik. Robotar i äldreomsorgen, fördomsfulla bottar, digitala patientjournaler på vift, outsourcing av myndigheters data till andra länder och mjukvara som främjar fusk i skolan är några frågor som är aktuella just nu.

Vid tiden för lanseringen av den förra boken fanns det också vad en del idag kallar en »hajp« kring AI. Det togs också en rad initiativ i Sverige för att främja utvecklingen av AI – där »politiken«, myndigheter, företag, privata finansiärer och högskolor och universitet gjorde gemensam sak. En annan del av denna hajp var mer retorisk. Den verkade handla om att använda själva ordet i olika sammanhang, för att motivera beslut eller påvisa utvecklingsvilja, eller om mer dystopiska framtidsscenarier där »tekniken« har berövat oss människor vårt självbestämmande, snarare än om en genuin förståelse för den faktiska tekniken. Det fanns även en del missförstånd kring vad AI är och kan vara (och inte är eller i nuläget inte kan vara).

Mot denna bakgrund upplevde vi i addAI-gruppen att det fanns en viss okunskap och naivitet kring hela frågan. Å ena sidan att AI ska lösa alla problem i samhället som att råda bot på resursbrist och ineffektivitet och å andra sidan att den kommer frånta politiker, tjänstemän och medborgare alltmer kontrollen över det som händer och sker i samhället och deras liv. Överlag var det ofta relativt polariserade diskussioner och debatter. Av dessa skäl genomförde vi år 2019 tillsammans med Novus en undersökning av svenskarnas syn på AI.

I studien framkom många intressanta resultat. Exempelvis trodde en av fyra svenskar att en framtid då AI slagit igenom på bred front skulle innebära att det kommer bli svårare att lita på fakta och nyheter och tre av fyra menade att vi skulle vara mer övervakade. Vidare menade fyra av tio svenskar att de allra mest litar på staten när det kommer till hanteringen av AI-system med känsliga uppgifter om en. Resultaten stämmer till eftertanke. AI väcker känslor, men aktualiserar också frågor om demokrati, integritet och i sista instans vad som är människa och vad som är maskin. Dessa frågor kvarstår även idag, tre år senare.

*

I den förra boken belystes utvecklingen inom AI och de möjliga konsekvenserna av densamma inom ett antal områden. Vissa av dessa återkommer i denna bok, men vi närmar oss dem på ett delvis annat sätt. Vi har givit ett antal personer med varierande professionella bakgrunder möjligheten att lite mer fritt dela med sig av tankar, erfarenheter och farhågor kring AI.

I **kapitel 2** belyser Daniel Akenine, nationell teknikchef på Microsoft, några nyckelfrågor kopplade till framtidens AI. En är kan AI bli intelligentare än människor? Detta är något som säkert många av oss själva funderar på. Kan AI bli helt självlärande och om så är fallet, vad händer då? Kan den rentav bli farlig? Vilka möjligheter har vi människor i så fall att kontrollera händelseutvecklingen? I **kapitel 3** författar Cecilia Magnusson Sjöberg, professor i rättsinformatik vid Stockholms universitet, tre brev till »visdomsministern«. Breven är en uppmaning till eftertanke med fokus på det som utvecklingen och användningen av informations- och kommunikationsteknik har fört med sig och vad makthavarna behöver ta till sig. Data, information och kunskap igår, idag och imorgon diskuteras, liksom frågan om hållbarheten i desamma.

Försäkringsbranschen står i fokus för **kapitel 4.** Fredrik Sandberg, doktorand vid Juridiska fakulteten vid Stockholms universitet, diskuterar platsen hos AI för försäkringsgivare på den svenska försäkringsmarknaden. Utifrån möjligheten att AI alltmer kan komma att användas vid riskbedömningen vid tecknandet av försäkringsavtal och skadereglering diskuteras möjliga konsekvenser. I **kapitel 5** är fokus **metaversum**, det vill säga summan av alla virtuella världar. Där ger sig Michael Björn, Head of Research Agenda på Ericsson Consumer & Industry Lab, i kast med innebörden av deskriptiv, prediktiv och preskriptiv AI. Frågan, om hur vi ska hantera en digitaliserad verklighet som alltmer iscensätts av en dramaturg som inte är mänsklig, avslutar diskussionen.

Kan AI vara chefer? är frågan **i kapitel 6**, av Victor Bernhardtz, ombudsman för digitala marknader på Unionen. »Algoritmisk arbetsledning« handlar om systematisk användning av stora datamängder om medarbetare och i organiseringen av arbete framför allt inom transport- och lagerverksamheter. En slutsats som dras är att oavsett hur rätt en maskin må ha måste arbetsgivaren kunna peka på den chef som har ansvar för att hantera det som inte fungerar.

I **kapitel 7** vänds blicken mot underrättelseverksamhet och den betydelse AI kan komma att ha i framtiden. Nadja Friborg, senior analytiker på Polismyndigheten, och Mats Koraeus, senior analytiker vid Försvarshögskolan, diskuterar spårningstjänster, integration och molntjänster samt automatiserad insamling och bearbetning av data. Författarna menar att det inom underrättelseverksamheten krävs både mer kunskap om och samarbete kring de möjligheter och risker som AI-tekniken bär med sig.

I det avslutande **kapitel 8** skriver Nicklas Berild Lundblad, doktor i informatik, om vad han kallar den märkliga manicken. Denna manick har ofta rätt, men är samtidigt inte lätt att förstå eller förutse. Detta kan få demokratiska implikationer, då förklaring, förståelse och förmåga är viktigt i och för demokratin. En slutsats som författaren drar är att användningen av AI kräver en grundläggande analys av hur förmåga och förståelse hänger ihop i olika sammanhang.

*

Trots att de sju bidragen i denna bok kan verka rätt så olika i såväl innehåll som form finns flera gemensamma nämnare. Texterna (och författarna själva) visar på det breda spektrum av möjliga tillämpningsområden för AI. De adresserar dubbelheten i AI – och egentligen i all teknikutveckling – att det goda åtföljs inte sällan av annat, mindre gott. Så vi behöver våga prata om både möjligheterna och riskerna med AI – på samma gång och med varandra.

Frågor om ansvar, etik, integritet och säkerhet behöver därför ständigt ställas. Det krävs en dynamik mellan förespråkare och skeptiker, ett samspel mellan professioner, användare och medborgare och mellan aktörer inom akademi, civilsamhälle, industri och offentlig sektor. Ty oavsett vilket – AI är sannolikt här för att stanna och med detta faktum utmanas vi människor till och med i föreställningen om var gränserna mellan människa och maskin bör dras.

2. Tre nyckelfrågor om framtidens AI

Daniel Akenine, nationell teknikchef, Microsoft

»*A.I. is far more dangerous than nukes.*« Orden kommer från entreprenören Elon Musk vid en konferens 2018. Men är det rimligt att teoretiska risker kopplade till programvara skulle kunna överskugga de högst verkliga riskerna från de runt tio tusen kärnvapen som cirkulerar i världen?

Det finns en grundläggande skillnad mellan dessa två risker; förmågan till kontroll. Medan kärnvapen kontrolleras av människor med intentioner vi delvis förstår, så är faran med framtidens smarta algoritmer att de möjligen inte kan kontrolleras alls. Kanske kommer dessa i en framtid kontrollera sig själva och i förlängningen även oss människor.

Framtiden inom artificiell intelligens är något som många gärna spekulerar kring och man ser i kristallkulan en vidareutveckling från de AI-system vi har idag, som oftast bygger på maskininlärning och statistiska modeller, till framtidens mer generella AI-system som brukar kallas för AGI (Artificiell generell intelligens). Dessa AGI-system skulle kunna vara bättre än oss på i stort sett alla kognitiva förmågor som vi har och ha en förmåga att snabbt utvecklas vidare till en slags hyperintelligens utom kontroll. En dystopisk händelseutveckling från ett mänskligt perspektiv.

Men är det en realistisk händelseutveckling? För att förstå det behöver man ställa ett antal kontrollfrågor. Kan AI bli intelligentare än människor? Kan AI kontrolleras? Om AI inte kan kontrolleras, vad blir konsekvenserna?

Dessa frågor har filosofer, AI-forskare, psykologer och fysiker i decennier funderat på i en allt hetare debatt. En debatt som får allt mer bränsle på av nya framgångar inom AI. Ännu har vi inga färdiga svar men låt oss reflektera över var vi står idag i ett par nyckelfrågor.

Fråga 1: Kan AI bli intelligentare än människor?

Innan vi försöker besvara denna fråga kan vi förstås ställa oss frågan om AI inte redan idag är intelligentare än människor. Många av de AI-system vi använder idag ger ju onekligen sken av detta. Delvis handlar det om hur man definierar intelligens förstås, vilket är en inte helt trivial fråga. Det är tydligt att det finns AI-system idag som kan utföra mängder med kognitiva uppgifter bättre än dig och mig. Uppgifter som vi ofta associerar med mänsklig intelligens.

Det kan till exempel handla om vår förmåga att läsa en text och dra logiska slutledningar. Eller så kan det handla om hur vi kan identifiera föremål och förstå relationer mellan dessa. Det kan också handla om vår förmåga att tänka framåt i tiden.

Allt detta är förmågor som kommer som en konsekvens av vår mänskliga intelligens – men det är enstaka förmågor – inte något som definierar hela vår intelligens. Hade så varit fallet skulle många AI-system som finns idag redan vara smartare än oss. De AI-system vi har tillgång till idag är algoritmer tränade på data om vår värld och med denna data kan algoritmerna få förmågor som påminner om mänsklig intelligens. Det är dock inte riktigt intelligens utan teknik som simulerar riktig intelligens. Även om en algoritm kan skilja på en hund och en katt så vet den inte vad en hund eller en katt är och det är en stor skillnad. 1–0 till människor!

Sedan vi skrev den förra boken för ett antal år sedan har AI-systemen blivit allt bättre på att utföra dessa typer av uppgifter. Vi har fått AI-modeller som har tränats på allt större mängder data och som utför många värdefulla saker. Ett uppmärksammat exempel är modellen Chat GPT från OpenAI som kan skapa analyser, datorprogram och texter med en kvalitet på universitetsnivå. Ett annat exempel från samma företag är Dall-E, som har en förmåga att skapa bilder från komplicerade instruktioner och relationer, t.ex.»Rita en ledsen katt som röker en cigarett i ett träd«.

Det är uppenbart så att den AI vi har sett utvecklas den senaste tiden har blivit otroligt skicklig på att utföra många saker som vi som människor gör, men inget av detta är verklig intelligens i den mening att det skulle vara en djup medveten förståelse av vår omvärld. Det är inte AGI.

Men betyder det faktum att vi idag inte har AI som är »mänskligt intelligent« att det inte kan bli det i framtiden? Det går ju att skapa »mänsklig intelligens«, vi själva är vandrande bevis på detta!

Är det så att det finns någon slags naturlag vi inte känner till som skulle vara ett hinder för denna typ av intelligens att utvecklas? Det kan förstås finnas någon sådan begränsning, men i brist på kännedom om någon sådan lag måste man förutsätta att det i huvudsak handlar om en tidsfråga innan vi får AI med en artificiell intelligens som påminner om vår egen.

Om så är fallet kan man ställa sig följdfrågan – hur skulle vi uppnå målet rent tekniskt?

Eftersom vi inte vet hur mänskligt medvetande eller intelligens fungerar så är det svårt att återskapa det, men det finns ett par olika sätt som skulle vara värda att pröva.

Första metoden: En digital »evolution«

Hur skapades din egen intelligens? Inte omedelbart förstås, utan det är resultatet av en lång iterativ process där ett allt större medvetande om sin omedelbara omgivning gav en allt större fördel gentemot andra och som premierade överlevnad. Skulle vi inte kunna återskapa en sådan process digitalt betydligt snabbare om vi slipper alla de begränsningar som finns kopplade till biologisk evolution?

Skulle vi inte kunna skapa en enkel algoritm som baserad på inlärning hela tiden blir intelligentare och bättre med en målsättning att förstärka sin egen intelligens? Det borde förstås vara möjligt men vi vet inte sannolikheten att en sådan process skulle vara framgångsrik. Vi vet att det går – eftersom vi själva finns –

men det betyder inte att det är ett sannolikt resultat. Vi kan vara resultatet av en ofattbart lyckosam kombination som är nästan omöjlig att återskapa, men då vi är här för att betrakta den så förefaller den förstås vara sannolik.

Trots detta så kan detta vara ett sätt att nå målet, möjligen oförutsägbart och svårkontrollerbart.

Andra metoden: Copy and Paste

Att vi finns bevisar att intelligens går att skapa, det betyder dock inte att vi vet hur man ska göra för att skapa den. Vi har under tusentals år sett fåglar flyga utan att kunna återskapa deras förmåga och när vi väl lyckades var det på ett väldigt annorlunda sätt än fåglar.

Men eftersom naturen uppenbarligen kan skapa intelligens baserad på neuroner arrangerade på ett särskilt sätt och som interagerar med varandra, så borde man möjligen kunna tillverka en artificiell intelligens genom att skanna av en hjärna på en tillräckligt detaljerad nivå och återskapa denna som en digital simulerad hjärna. Copy and Paste. Detta är mer utav en ingenjörsmässig uppgift snarare än algoritmisk och de metoder som skulle behöva utvecklas är i princip teknik inom tre huvudområden:

* Teknik för att skanna av en hjärna på en tillräcklig detaljnivå.
* Teknik för att konvertera denna inskannade data till en digital modell.
* Teknik för att simulera denna digitala modell på en hårdvara.

Inom alla dessa områden pågår forskning och utveckling men på inget område har man ännu en tillräcklig förmåga för att nå målet.

Det som är intressant är att för att skapa en sådan här digital mänsklig intelligens så skulle vi inte nödvändigtvis behöva förstå hur intelligens eller medvetande fungerar, utan endast behöva fokusera på de ingenjörsmässiga och hårdvarubaserade problemen.

Tredje metoden: Ett algoritmiskt genombrott

En annan väg till mänsklig intelligens vore förstås att man kommer till insikt om hur både intelligens och medvetande fungerar. Ett genombrott i vår förståelse av dessa frågor skulle kunna ge oss en möjlighet att algoritmiskt skapa en intelligens och kanske även enklare styra den jämfört med en iterativ process som styr sin egen utveckling. Ett sådant genombrott skulle i princip kunna ske närsomhelst.

Fråga 2: Vad händer då?

I vanliga fall utvecklas teknik genom »försök och misstag«. Man prövar sig fram, kanske man upptäcker negativa konsekvenser man inte hade tänkt på och anpassar tekniken. Så tar man sig fram tills tekniken har anpassat sig till oss och den omgivning som finns runt den. För en viss typ av teknik fungerar det dock inte på det sättet. Det kan vara teknik som är så pass kraftfull och farlig att det inte går att rulla tillbaka konsekvenserna om det går fel. Ett kärnvapenkrig är inte något som går att reparera, ett dödligt biologiskt vapen är för sent att ångra när det väl släppts ut. När anden är ur flaskan kan man inte stoppa tillbaka den.

Är AI en sådan farlig teknik? Med ett intelligent AI-system finns risken att systemet skaffar sig sådana fördelar att det blir omöjligt att kontrollera. En del forskare menar dessutom att det normala utfallet vid en artificiell intelligensexplosion är mänsklighetens undergång då vi förmodligen inte har delade målsättningar. Skulle vi ha delade målsättningar är dessutom risken stor att människor ses som ett hinder för att uppnå dessa och därmed behöver undanröjas. Det innebär att det inte är osannolikt att vi vid en okontrollerad snabb utveckling av AI riskerar att bli utplånade och för att undvika detta behöver vi förstå hur vi kan kontrollera framtidens AI-system. Därvid ligger det så kallade kontrollproblemet och den sista frågan.

Fråga 3: Vilka möjligheter har vi att kontrollera händelseutvecklingen?

Vi ska inte gå igenom alla möjliga kontrollmöjligheter i detalj, det är ett område som man tittat på från lite olika perspektiv inom forskning, men man kan tänka sig ett par olika möjligheter, flera av dem mer utvecklade av filosofen Nick Boström.

Man kan prova att på olika sätt begränsa vad en AI kan göra rent fysiskt och digitalt och försöka spärra in den i en omgivning där den inte kan orsaka någon skada. En fysisk inspärrning skulle kunna handla om att den inte har någon förmåga att fysiskt påverka världen utanför det rum den befinner sig i. Detta är dock knappast en vattentät metod då det alltid kommer finnas några typer av kontaktpunkter med omvärlden som skulle kunna användas för att undkomma den fysiska begränsningen. En teoretisk risk skulle snabbt kunna bli en verklig risk.

Man kan prova att inte bara begränsa fysisk påverkan utan även försöka begränsa AI:ns förmåga att skicka information, eftersom en förmåga att skicka information innebär en förmåga att påverka sin omgivning. Det skulle tyvärr vara en svår begränsning då användningen av en AI som inte kan skicka information till sin omgivning är liten. Någon typ av information skulle därför behöva skickas vidare och denna blir återigen en sårbarhet som skulle kunna utnyttjas.

Man kan prova att försöka kontrollera AI:ns motivation så att dess beslut ligger i linje med våra intressen och att målsättningarna inte är möjliga att ändra. En slags AI-urkund med mall från de urkunder man exempelvis kan se i stiftelser och som styr dess verksamhet och sätter begränsningar för vad stiftelsen får göra. Problemet är mängden oavsiktliga konsekvenser kring olika alternativ som är svåra eller omöjliga att förutsäga. Om urkunden till exempel säger att AI:n ska agera så att människor inte kommer till skada så kanske den låser in oss i rum där risken för skada minimeras. Knappast vad vi skulle vilja.

Man skulle kunna prova att övervaka AI:n för att tidigt upptäcka minsta försök att agera på ett sätt som är förbjudet. Det kanske kan röra sig om en falsk internetuppkoppling där försök att komma ut på internet skulle kunna utlösa ett larm. Dock är det förstås inte heller en säker metod för ett system som kanske förstår att det är en fälla och som utnyttjar situationen. Dessutom, vad skulle man göra efter man upptäckt ett försök att smita? Stänga ner AI-systemet för evigt?

Kontrollproblemet är som ni märker inte ännu löst, kanske hittar vi en lösning, kanske inte.

Så här befinner vi oss. I den mest oförutsägbara tidsålder mänskligheten har levt i. Både risker och vinster är höga och vi vet inte längre riktigt vad som väntar oss bara ett år bort. Gott nytt år!

3. Brev till visdomsministern

Cecilia Magnusson Sjöberg, professor i rättsinformatik vid Stockholms universitet

Första brevet
2050-01-01

Till Visdomsministern, om det funnits någon sådan

Jag vet att Du och Dina ministerkollegor för data, information och kunskap är mycket upptagna. Trots detta gör jag anspråk på din tid inför övergången till det postdigitala samhället. För att markera betydelsen av mitt budskap använder jag mig av en förhistorisk metod för kryptering, dvs. hand på penna och papper.

Härnäst följer några reflektioner kring vad utvecklingen och användningen av informations- och kommunikationsteknik fört med sig och vad makthavarna enligt min mening behöver ta till sig. Inom ramen för din överordnade roll förmodar jag således att du har fått tillräckligt med kollektivt utrymme för digital utvärdering av det som skett inför vad som komma skall.

(a) Data

Saneringsarbetet efter EU:s allmänna dataskyddsförordning pågår alltjämt. Tolkningen och tillämpningen av GDPR (General Data Protection Regulation) havererade som bekant fullständigt efter de trettio första årens försök att skapa regelefterlevnad. Det visade sig efter diverse avancerade analyser att såväl skälen (de s.k. beaktandesatserna) som artiklarna innehöll så många vaga och mångtydiga begrepp med anknytande regler att det resulterade i allvarlig normafasi hos ett stort antal berörda tillämpare i det praktiska rättslivet. Medborgarnas tillit till lagstiftaren försvann nästan helt. Och inte blev det särskilt mycket bättre genom efterföljande regleringar av bland annat kunstig intelligens.

Det som fick droppen att rinna över får nog ändå sägas vara de samarbeten som EU:s (Effektiva Unionens) regelmakare var involverade i. Formerna varierade men bestod vanligen av tjocka definitionskataloger som barn och ungdomar var skyldiga att lära sig utantill för att klara av olika obligatoriska tester. Det var den tidens så kallade träningsdata, valideringsdata och testdata med anknytande algoritmer (och modeller) som var i fokus. Under denna tidsperiod ökade faktiskt intresset hos allmänheten för användning av metadata både som letadata och som vetadata. En historisk kvarleva som nu kan tyckas lite lustig är att sökresultat fortfarande kan flöda i termer av dom-, domare-, domherre-.

Här behövs en kalibrering av värdegrunder såsom skydd av personlig integritet genom dataminimering å ena sidan och en rätt att med hänvisning till yttrande- och informationsfrihet få del av bevarade data å den andra. Det handlar om att förstärka rätten att få reda på vad som kan ha hänt en människa baserat på en skyldighet för ansvariga att komma ihåg och dokumentera.

(b) Information

Tillgång till information i bemärkelsen innebörden av data är tilltalande i flera olika avseenden. ´Mycket vill ha mer´ är ett uttryck som den tidigare tidens internet utgör ett gott exempel på. Framväxten av en global kommersiell informationsordning genom virtuella aktörer manade under en kortare period till eftertanke. Alla mer genomgripande försök att reglera de nätbaserade informationsflödena misslyckades dock. Precis som många befarade kvarstod problem med att styra samhällets kritiska infrastrukturer genom kontrollerad informationsförsörjning, men då inte på grund av avsaknaden av regler utan snarare överflöd av desamma.

I det digitala kölvattnet följde en sårbarhet av sällan skådat slag. Baserat på militära grundvalar behövs nu en massiv säkerhetsjuridisk ansats för att komma till bukt med inte minst lex General, dvs. ett förhållningssätt som kom att bli alltmer vanligt hos generaldirektörer i den offentliga förvaltningen runt millennieskiftet. Då växte det nämligen fram en chefsideologi baserad på synsättet att föreskrivna säkerhetslösningar utgjorde ett oönskat avbrott i en annars effektiv verksamhet och att det därför var motiverat att de facto bortse från sådan hämmande lagstiftning.

(c) Kunskap

Kunskap är intimt förknippad med det som sedan lång tid går under beteckningen AI i bemärkelsen artificiell intelligens. Utan att gå in på olika tekniker och metoder kan vi konstatera att det än idag är utmanande med autonoma och föränderliga (dynamiska) algoritmer som används vid maskininlärning baserad på stora datamängder (s.k. big data). Ansvarsfrågorna är också fortsatt angelägna och bara delvis lösta. En särskild utmaning är den s.k. ej-jag-doktrinen som under lång tid fått allt starkare fäste i samhället och som förenklat går ut på att till varje pris uppnå ansvarsfrihet. Särskilt våra digitala jurister – en typ av digital person som kan jämföras med fysiska och juridiska – är tilltalade av denna ansats eftersom den öppnar upp för relativt sett kraftfulla AI-baserade förhandlingar som tillgodoser robotarnas lystmäte.

Här behövs något så exklusivt som visdom! Mycket fokus har historiskt sett varit inriktat på att utreda digitaliseringens inverkan på infrastrukturer för databehandling, informationsförsörjning och kunskapshantering. Men hur finner vi kunskap som kan utvecklas till klokskap, vilken i sin tur kan ligga till grund för förädlad visdom? Frågan är med andra ord om tiden nu är mogen för ett mer komplext förhållningssätt som kan ligga till grund för nya suprastrukturer på vår vandring i digitala landskap.

Svar emotses tacksamt,
CecMagSjo123

Andra brevet
2050-07-01

Till eventuella Visdomsministern igen,

Så roligt att vår korrespondens kan få fortsätta och då genom en ny version av mig själv!

Först vill jag tacka för återkopplingen i form av både råd och dåd när det gäller min egen digitala existens. Vidareutvecklingen av de numera historiska träningsapparna har nog fört med sig en hel del gott trots de alltmer svidande integritetsintrången.

Vid vårt förra meningsutbyte var hållpunkterna data, information, kunskap och visdom med tanke på er interna ansvarsfördelning på ministeriet. Nu kommer jag istället att dela en del funderingar med utgångspunkt i en tidsdimension knuten till dåtid, nutid och framtid.

(a) Dåtid

Dåtiden får sägas ha varit en rätt omtumlande tidsepok. Det växte fram AI-delegationer och kommissioner en masse. Finansiärer som Bergwallen, Bergsöder, Nivova, Weärr och Arji präglade i mångt och mycket forskning och utveckling under denna period. Minister Slugeman gjorde ett särskilt starkt avtryck genom att driva igenom ett lagförslag om äganderätt till personlig information i form av »Dataägandelagen«, DÄL.

Det var vid denna tidpunkt som den svenska offentlighetsprincipen började monteras ned mer systematiskt. Detta kan nog så här i efterhand uppfattas som väl radikalt, men det visade sig vara ett ändamålsenligt tillvägagångssätt för att genomdriva den relativt nya principen om allas data till alla (ADA). Tidigare närmast förhistoriska försök med s.k. öppna data fick aldrig något riktigt genomslag eftersom det inte fanns någon övergripande global standard för informationshantering utan flera olika. Intressemotsättningen i förhållande till DÄL fick inte heller någon egentlig lösning under denna period.

(b) Nutid

När det visade sig att kultserien *Black Mirror* var en dokumentär och inte någon fiktion blev det påtagligt att vi befinner oss i en ny form av realtid. Fler tecken på detta är att den artificiella intelligensen hela tiden blir smartare i riktning mot singularitet, dvs. generell AI som inte är applikationsspecifik. Spelar juridik alls roll i ett sådant samhälle? kan man undra.

Från att sedan urminnes tider ha utgjort en reaktiv konfliktlösningsmekanism upplevde vi en kortare period när juridiken fungerade alltmer proaktivt. Detta visade sig särskilt i samband med digitaliseringen och den anknytande automationsanpassningen av lagar och andra bestämmelser. Eftersom numera i princip allt kan skapas och återskapas håller juridiken på att få ännu en ny roll när inget är förgängligt och alla former av händelser och bevis med mera går att framkalla återigen.

Den nutida juridiken har snarast fått karaktären av en kreativ juridik där jurister verkar ha allt mindre att tillföra. Istället bejakas juridik i allt större utsträckning som en konstform i sig, motsvarande andra välkända kulturyttringar. Detta leder oss in i den nästkommande framtiden.

(c) Framtid

Det är förstås något utmanande att mitt uppe i själva framtiden, som i sig utgör en dynamisk tidsdimension, reflektera över densamma. Vi kan i varje fall konstatera att det digitala inte längre är det normala utan snarare något ovanligt.

Visserligen var det ett genombrott för rättssäkerheten och affärslivet när konceptet digital person introducerades som ett komplement till ´fysisk person´ respektive ´juridisk person´. Ansvarsfrågor som tidigare fallit mellan stolarna med risk för att enskilda och företag skulle lida rättsförluster blev plötsligt hanterbara. Behovet av och nyttan med en ny rättsfigur som baserat på olika kombinationer av algoritmer kunde erkännas exigibilitet (verkställighet) visade sig efter viss initial tvekan vara stort.

Framtidens samhälle lär vi dock snarare finna bortom det traditionella digitala informationssamhället och då i det biotekniska med behov av företrädesvis väl fungerande ekosystem istället för rättssystem.

Fokus i rättssamhället verkar med andra ord inte längre vara normgivning och rättstillämpning med sikte på rättsskipning. Istället är biosäkerhet den kritiska framgångsfaktorn. Till skillnad från läget vid vår tidigare brevväxling finns glädjande nog betydligt bättre insikter om sårbarheter och korrelerande säkerhetsåtgärder. Behovet av att låta tekniken återigen få samspela med juridiken visar sig samtidigt genom att båda disciplinerna önskar undvika »bugs« såväl i datorprogram som bland genmodifierade grödor.

Svar emotses tacksamt även denna gång,
CecMagSjo456

Tredje brevet
Flex: 2050-12-31

Till Visdomsministeriet,

Förevarande brev är författat i dynamisk tidsålder av den senaste men inte sista versionen av mig själv. Ett par reflektioner kring hållbarhet i det digitala ekosystemet får inleda. Därefter riktar jag blicken mot några SAQ:er, det vill säga Seldom Asked Questions. Jakten på den så kallade försvunna länken hör till det avslutande partiet. Den observanta kan notera att texten är ställd till Visdomsministeriet och inte till Visdomsministern denna gång eftersom makthavare numera bara kan förekomma i kollektiv form.

(a) Hållbarhet inom det digitala ekosystemet

En fråga som varit föremål för mycket diskussion rör övergången från bokstäver till akronymer. Det är främst på låg individnivå som oro för att makten över informationen förskjuts ytterligare från människa till samhället i stort med åtföljande distansering som konsekvens. En förklaring till oron är som bekant att bara vissa förkortningar är tillåtna inom en viss sektor. Nedan ges en illustration på hur basen för en fastställd digital etikett kan se ut i form av en »Privacykjuars«:

AC (After Corona), AGI (Artificial General Intelligence), ANI (Artificial Narrow Intelligence), BC (Before Corona), CPDP (Computers Privacy and Data Protection), DPbDD (Data Protection by Design and Default), DPIA (Data Protection Impact Assessment), EDPB (European Data Protection Board), EDPS (European Data Protection Supervisor), FAQ (Frequently Asked Question), GDPR (General Data Protection Regulation), PET (Privacy Enhancing Technology), SAQ (Seldom Asked Questions).

IMY: to be classified »Integritetsskyddsmyndigheten«/
I Miss You/

(b) Hållbarhet genom Seldom Asked Questions

Frequently Asked Questions utgör förenklat den mest förekommande delen i begreppsparet FAQ och SAQ. Låt oss dock något nyfiket exemplifiera kort sådant som uppmärksammas mer sällan.

Det finns en hel uppsjö av numera fridlysta politiker på de digitala härbärgena runt omkring utan att någon verkar ställa sig frågan varför de egentligen befinner sig där såsom skyddade subjekt. Historiska brott och förseelser handlar det ju inte om. Kan det snarare vara behovet av politikerskydd i samband med att (digitala) datorer har hanterats respektlöst av (biologiska) pratorer, dvs. människor, som inte förstått hur pressande det varit för robotar att behöva underordna sig retorik i form av oändliga monologer och bara i något enstaka fall dialoger? Inslaget av politiker i det omgivande samhället är dock så pikant att det uppenbarligen föranlett fridlysning.

En annan SAQ rör spridningen av digital skam och inte minst de digitala samverkansplattformarnas förbannelse. Hur kunde det bli så att oreflekterat knappande på plast och plåt blev högstatus? Hur kunde man tillåta utrotningen av den så kallade dunsfaktorn, dvs. när en så kallad bok åker i golvet eller motsvarande och det låter olika mycket beroende på hur många textsidor som omfattas? (Ivrigt påhejat mätvärde av en kollega.) Vad händer timewise med alla minuter och sekunder som tickar på och genereras när klockan nästan är heltimme, halvtimme eller prick och alla väntar på att få börja mötet (historisk fortleva)? Är det sammantaget alls möjligt att skilja mellan humaner, hybrider och digitaler (en form av digital person, se ovan)?

(c) Hållbarhet under jakten på den försvunna länken

Bidraget till denna Brevbok kommer att avslutas kortfattat. Inte för att själva temat på något sätt och vis skulle vara uttömt, tvärtom. Ett hållbart resonemang – nåja – i en fiktiv miljö som denna behöver till sist rundas av. Avsnittsrubriken får axla den rollen. Vi har väl alla någon gång tappat bort en länk eller två och satt igång att söka reda på den. I jakten på den försvunna länken lurar dock många faror som bara kan övervinnas genom en stark strävan efter det existentiellt fruktbara. Visdomsministeriet har med andra ord många olösta problem att ta tag i. Det handlar bland annat om ohälsa i form av platform fatigue, share scream-attacker, och appotek för alla. Jag vill också passa på att varna dig själv för de allt fler obehagliga fingertoppstjuvarna som bokstavligen stjäl din identitet. Lite mer upplyftande är samtidigt utvecklingen kring bland annat icke binär digitalisering. Glöm dock inte att ́to be or not to be still calls for an eID ́.

Slutligen, kan det i princip alltid behövas uppmärksamhet när avancerad och kraftfull teknik tillförs en viss verksamhet. Ett sätt att hantera detta inslag i samhällsutvecklingen är genom framväxten av nya yrkesroller. Låt oss här bara nämna ett par få. Rättsutvecklare när den vanliga juridiken inte räcker till för att koda vaga begrepp och mångtydiga regler i lagtext. Integritetsskyddare som tar sig an både individers integritetsskydd och samhällets nyttjande av personliga data. Dataöppnare med uppgift att beakta tillämpliga regelverk med sikte på öppenhet, transparens och vidareutnyttjande. Tekniktolkar fyller en funktion som intermediärer mellan teknikleverantörer och teknikkonsumenter. Säkerhetsagenter i sin tur spelar en aktiv roll i samband med riskminimering och riskhantering.

Svar förväntas ej
CecMagSjo789

4. AI och framtidens försäkringar

Fredrik Sandberg, doktorand vid Juridiska fakulteten, Stockholms universitet

Utvecklingen och en mer utbredd tillämpning av olika former av AI kommer naturligtvis att påverka även försäkringsbranschen. Det är en utveckling som i viss utsträckning redan har påbörjats, även om vi i huvudsak ännu befinner oss i en tidig fas av den här förändringen. Att med säkerhet besvara vilken inverkan AI kommer att få på försäkringsområdet framöver är givetvis svårt, men det bör inte hindra att vi försöker skapa oss en uppfattning om på vilka olika sätt AI kan tänkas förändra behovet av försäkringar och hur de tillhandahålls. En rationell och nyanserad diskussion om hur vi bör förhålla oss till AI-utvecklingen vad gäller just försäkringar förutsätter att vi först identifierar och förstår vilka förändringar AI kan tänkas innebära på försäkringsområdet. Vi ska därför här helt kort och översiktligt – utan några anspråk på fullständighet – uppmärksamma några av de förändringar som användningen av AI kan tänkas medföra beträffande privata försäkringar, liksom om dessa förändringar kan innebära några problem eller utmaningar som behöver hanteras.

Här kommer enbart AI och sådana försäkringar som tillhandahålls av försäkringsgivare på den svenska försäkringsmarknaden att behandlas. Det nyssnämnda är viktigt att framhålla, inte minst av det skälet att förutsättningarna för privat försäkringsverksamhet och de offentliga socialförsäkringarna skiljer sig åt väsentligt. Som vi får anledning att återkomma till bygger privat försäkringsverksamhet på att varje försäkringstagare betalar en försäkringspremie som står i relation till den individuella risken (ekvivalensprincipen). Till skillnad från de offentliga socialförsäkringarna är det alltså vid privata försäkringar inte fråga om en solidarisk finansiering utan hänsyn till de risker som varje individ tillför kollektivet av försäkrade. Att försäkringspremierna (priset) vid privata försäkringar differentieras i förhållande till den individuella risken är en konsekvens av vissa grundläggande försäkringsekonomiska förhållanden, vilka vi dock inte ska uppehålla oss vid närmare i det här sammanhanget. På grund av skilda förutsättningar och rättspolitiska ställningstaganden är privata respektive offentliga försäkringar också föremål för helt olika regelverk, vilket i sig inte har något att göra med AI.

AI och försäkringar kan övergripande delas upp i några olika områden. Till att börja med finns sådana förändringar som kan uppkomma genom en ökad användning av AI hos försäkringstagarna. För det andra kan man diskutera sådana förändringar eller problem som kan uppkomma med anledning av försäkringsgivarnas användning av AI. Försäkringsgivares användning av AI kan i sin tur delas upp i sådan användning som avser den initiala riskbedömningen i samband med försäkringsavtalets ingående (ska försäkring överhuvudtaget meddelas, i så fall på vilka villkor och till vilket pris?) och sådan användning som avser en senare skadereglering (har försäkringstagaren rätt till försäkringsersättning?).

Försäkringstagarnas användning av AI

Det är sannolikt att vi alla i framtiden kommer att konsumera och använda produkter som drivs eller är beroende av AI. Användning av autonoma fordon är ett exempel som har diskuterats mycket de senaste åren. Inom området Internet of Things kan man även tänka sig att många av de produkter vi har i våra hem idag, eller annars använder på vår fritid, i framtiden kommer att innefatta AI. I den mån vi i framtiden kommer att använda oss av mer sofistikerade robotar framstår det som sannolikt att de på något sätt drivs med hjälp av AI. Inom ramen för vad som ofta benämns smarta hem kan AI komma att användas för att koordinera, reglera och övervaka olika aspekter av vår hemmiljö. Gemensamt för de nu nämnda exemplen är att AI inte bara kan göra våra liv enklare, utan i många fall även kan bidra till en tryggare tillvaro. Användningen av AI kan dock även innebära sårbarheter och risker.

Om det är sannolikt att privatpersoner, företag och offentlig verksamhet i allt större utsträckning kommer att använda sig av AI i olika sammanhang, uppkommer frågan vad det får för betydelse för försäkringar. Den mer exakta betydelsen kommer med säkerhet att variera beroende på om vi tänker oss en privatperson, ett företag eller någon form av offentlig verksamhet, eftersom deras respektive behov av försäkringsskydd redan från början är olika, även om man bortser från deras möjliga användning av AI. Privatpersoner är helt enkelt i behov av andra försäkringar än ett företag. Även hur och i vilka sammanhang AI kommer att användas kommer sannolikt att skilja sig åt i de flesta fall, beroende på om vi talar om en privatperson eller ett företag.

Det kan dock antas att försäkringstagarnas användning av AI i allmänhet kommer att få som störst betydelse för försäkringar när AI ersätter försäkringstagarens utförande av en uppgift i sådana sammanhang där risken för skada tidigare i stor utsträckning berott på den individ som utfört uppgiften. Ett uppenbart exempel är risken för skada i trafiken. Att föraren av en bil är en viktig riskfaktor påverkar idag försäkringar på så sätt att risken, och därmed även priset för bilförsäkring, kommer att bedömas bland annat med hänsyn till vem som är den huvudsaklige brukaren av bilen. Fullt ut autonoma fordon som framförs med hjälp av AI skulle emellertid innebära att det har ytterst begränsad – om ens någon – betydelse för risken vilka personer som brukar fordonet. Istället kommer andra faktorer att vara avgörande för risken att skada uppkommer, t.ex. eventuella fel och brister hos den AI med hjälp av vilken bilen framförs. Det framstår därför som sannolikt att en utveckling med autonoma fordon som använder AI skulle innebära att försäkringsgivare i större utsträckning bedömer risken, och därmed även försäkringspremien, med hänsyn till egenskaper hos *fordonet*, medan *individen* som brukar fordonet försvinner ur ekvationen. I sådant fall skulle det innebära en utveckling där prisdifferentieringen inte främst tar sikte på olikheter mellan försäkringstagarna personligen, utan snarare skillnader i säkerhet mellan de olika produkter och tjänster som försäkringstagarna brukar.

Där risken för skada tidigare, i vart fall till viss del, varit beroende av *aktsamheten* hos de individer som utför vissa uppgifter, innebär alltså en användning av AI vid utförande av motsvarande uppgift att risken istället kommer att hänföra sig till *säkerheten* hos AI. Som framgick i exemplet ovan med autonoma fordon kan det tänkas få betydelse för hur försäkringspremier beräknas i framtiden. Det kan även tänkas få betydelse på andra sätt, bland annat genom det nära sambandet mellan försäkringar och regler om skadeståndsansvar. Vilka som har ett behov av att teckna försäkring, liksom vilken typ av försäkring, blir beroende av om någon kan antas bära ett skadeståndsansvar för de skador som kan förväntas uppkomma i ett visst sammanhang. Det får därför betydelse vilka regler om skadeståndsansvar som kommer att gälla vid användning av AI och framför allt vem som kommer att få bära ansvaret. Skadeståndsrättsliga regler har även stor betydelse för vem som i slutänden kommer att stå för kostnaden för en skada, eftersom försäkringsgivare som har utbetalat försäkringsersättning till sin försäkringstagare om möjligt ofta riktar krav mot en skadeståndsansvarig; därigenom kommer kostnaden för en skada ofta att kanaliseras till skadevållarens ansvarsförsäkring.

För att återvända till exemplet med AI och autonoma fordon, skulle t.ex. ett strängt skadeståndsansvar för biltillverkare eller andra aktörer ansvariga för säkerheten hos AI i autonoma fordon kunna medföra att försäkringsbehoven förändras i förhållande till vad som är fallet idag; därtill skulle ett sådant skadestånds-

ansvar kunna medföra att en stor del av kostnaderna för trafik-
skador kanaliseras till ansvarsförsäkringen för den som bär ett
skadeståndsrättsligt ansvar för AI i ett autonomt fordon, istället
för som idag till den för fordonsinnehavaren obligatoriska tra-
fikförsäkringen. Allt detta är emellertid avhängigt hur samhället
i framtiden väljer att utforma det skadeståndsrättsliga ansvaret
och regler för obligatoriska försäkringar. Hur de skadestånds-
rättsliga reglerna kommer att utformas i framtiden är naturligt-
vis ovisst, men helt klart är att utvecklingen med AI medför
att de relevanta argumenten för tilldelning och fördelning av
skadeståndsansvar förändras; därigenom kan även rollerna för,
och den praktiska betydelsen av, olika slags försäkringar (t.ex.
ansvarsförsäkring eller trafikförsäkring) komma att ändras.

AI vid bedömning av risk

I samband med att någon önskar skaffa en försäkring görs i
allmänhet en riskbedömning för att avgöra om försäkring kan
meddelas, och i så fall på vilka villkor och till vilket pris. Sedan
lång tid tillbaka har en över tid hållbar och framgångsrik försäk-
ringsverksamhet byggt på förmågan att så träffsäkert som möj-
ligt identifiera typiska riskfaktorer genom att finna statistiska
samband i stora mängder data. Att bedöma den individuella
risken genom en kategorisering utifrån olika generella riskfak-
torer är på intet sätt någonting nytt. Det är inte heller något som
hittills har betraktats som särskilt problematiskt. Tvärtom utgår
ekvivalensprincipen och den fria premiesättningens princip från
att olika personer kan kategoriseras i olika s.k. riskgemenskaper.

Att differentiera priset för försäkringar utifrån olika riskfaktorer
anses alltså av samhället vara legitimt inom just kontexten privat
försäkring. Fram till nu har den data som varit tillgänglig och
de praktiska möjligheterna att utvinna statistiska samband ur
dem dock satt vissa gränser för hur långt riskdifferentieringen
kan drivas. En möjlighet som man inte kan bortse ifrån är att

försäkringsgivares användning av AI vid riskbedömning kan innebära så förfinade riskbedömningar att skillnaderna i pris mellan olika kunder ökar; det skulle i så fall vara fråga om en motsatt trend jämfört med den som diskuterades ovan beträffande försäkringstagarnas användning av AI i vissa fall. Även om en ökad prisdifferentiering skulle ske i en utsträckning som ur samhällssynpunkt av någon anledning uppfattas som mindre önskvärd, skulle det i så fall inte vara fråga om ett problem som sammanhänger specifikt med AI. Detta givetvis förutsatt att vi talar om fall där det inte ifrågasätts att riskbedömningen med hjälp av AI i och för sig är sakligt underbyggd. Huruvida och i vilken utsträckning samhället accepterar prisdifferentiering som sådan är en bredare samhällspolitisk fråga, vilken inte kan besvaras genom en diskussion begränsad till AI utan istället förutsätter överväganden av annat slag.

En annan sak är att det vid riskbedömningen och prisdifferentieringen naturligtvis inte får förekomma diskriminering på sådana grunder som är förbjudna enligt EU-rätten och svensk rätt. Det gäller givetvis helt oavsett om försäkringsgivare använder sig av AI eller inte, men de risker för diskriminering som mer generellt har diskuterats i anslutning till just AI kan självklart vara relevanta att ge akt på även i försäkringssammanhang. Risker för otillåten diskriminering måste dock hållas isär från sådan mer utvecklad riskbedömning och prisdifferentiering som – i enlighet med vad som diskuterats ovan – AI kan tänkas föranleda.

Ett problem som ofta diskuteras i samband med AI är bristande insyn och transparens, eller »black box-problemet«. Om försäkringsgivare använder AI vid sin riskbedömning kan den här typen av problem innebära en utmaning på flera sätt. Inte minst genom att det finns regler på försäkringsområdet vilka förutsätter att försäkringsgivare i vissa sammanhang ska kunna visa att ett beslut varit försäkringstekniskt motiverat, det vill säga att beslutet grundar sig på omständigheter och skäl som är relevanta i förhållande till den bedömda risken. Enligt den s.k. kontraheringsplikten får försäkringsföretag inte neka en individ att teckna försäkring (eller sätta premier som i praktiken är jämförbara med ett nekande) om man inte försäkringstekniskt kan motivera och visa på sakliga grunder för riskbedömningen. Det kan innebära en svårighet om det inte går att rekonstruera hur AI har bedömt risken.

AI vid skadereglering

Det finns flera incitament för försäkringsgivare att utveckla användningen av AI i samband med skadereglering. Till att börja med kan AI främja en ökad grad av automatiserad skadereglering, vilket skulle innebära effektivitetsvinster och därmed lägre kostnader för att administrera försäkringarna; det handlar då helt enkelt om att frigöra, eller minska behovet av, personalresurser. Eftersom lägre *administrationskostnader* möjliggör för försäkringsgivare att sänka försäkringspremierna, är det något som kan gagna försäkringstagarna.

Att automatisera skadereglering kan vara förenat med vissa praktiska svårigheter, eftersom det förutsätter att de abstrakta försäkringsvillkoren kan omvandlas till algoritmer som ska kunna hantera en rik variation av olika anmälda konkreta skadehändelser. Härvid finns flera likheter med de utmaningar och problem som har uppmärksammats beträffande automatiserad rättstillämpning, eftersom skadereglering i likhet med rättstillämpning innebär att ett antal abstrakt formulerade regler och begrepp ska tillämpas på ett stort antal varierande konkreta situationer. Delvis mot bakgrund av det nyssnämnda har det hittills endast förekommit olika enklare former av automatiserad skadereglering. Utvecklingen av AI kommer dock sannolikt innebära att flera av de praktiska utmaningarna kan övervinnas, dessutom med en betydligt mindre arbetsinsats, vilket i så fall öppnar även för en mer sofistikerad automatisering av skadereglering.

AI har även potential att kunna förbättra skaderegleringen i kvalitativt avseende, det vill säga att kunna göra skaderegleringen mer träffsäker och minimera antalet oriktiga utbetalningar av försäkringsersättning. I likhet med automatiserad skadereglering är det något som kan gagna hela försäkringskollektivet, förutsatt att det fungerar som avsett, eftersom även lägre *skadekostnader* möjliggör generellt sett lägre försäkringspremier. Det handlar då mindre om att AI ska ersätta mänskliga skadereglerare genom att utföra uppgiften mer effektivt eller billigare, och snarare om situationer där användning av AI kan överträffa människors förmåga vid bedömningen av vissa förhållanden. Ett exempel är användning av AI i syfte att motverka försäkringsbedrägerier, vilket bland annat kan ske genom att man med hjälp av AI identifierar mönster eller faktorer som gör försäkringstagarens påståenden mindre sannolika. Ett annat exempel skulle kunna vara att vid regleringen av personskador, som ett komplement till traditionella försäkringsmedicinska bedömningar, använda AI i syfte att bedöma sannolikheten för bestående framtida arbetsoförmåga.

Att använda AI för bedömningar vid skadereglering förutsätter givetvis att man verkligen kan åstadkomma tillförlitliga resultat, alltså att den AI som utvecklats för en viss användning är funktionell i förhållande till ändamålet. Det är också viktigt att säkerställa att dylik användning av AI vid skadereglering inte sker på ett sätt som försämrar den försäkrades möjligheter att förstå, påverka och – om nödvändigt – rättsligt angripa försäkringsgivarens beslut med anledning av den anmälda försäkringsskadan. Användningen av AI får naturligtvis inte medföra att det blir praktiskt omöjligt eller orimligt svårt för försäkringstagarna att tillvarata sin rätt enligt försäkringen jämfört med vad som annars hade varit fallet. Här finns kanske skäl att särskilt framhålla risken för bristande insyn och transparens vid användning av AI, liksom riskerna för att beslut kan komma att fattas grundade på en omotiverad övertro eller ensidig förlitan på enbart bedömningar med hjälp av AI.

Avslutande reflektioner

Exakt hur AI kommer att påverka försäkringsbranschen kan vi naturligtvis inte veta. Poängen med resonemangen ovan har snarare varit att belysa att det sannolikt kommer att vara fråga om en komplex förändringsprocess med flera olika typer av påverkan som kanske inte alltid kan inordnas i en enhetlig trend. Vad användningen av AI kommer att innebära för försäkringstagarna beror sannolikt på flera olika faktorer och kommer att variera beroende på den exakta kontexten. Som vi har sett kan t.ex. differentieringen av försäkringspremierna möjligen komma att minska i vissa fall till följd av en ökad användning av AI ute i samhället. Det är även möjligt att kostnaden för försäkringsskador i slutänden kommer att belasta andra kollektiv av försäkringstagare än idag. Det kan inte heller uteslutas att det i vissa fall istället kommer ske en ökad prisdifferentiering till följd av försäkringsgivarnas egna användning av AI vid riskbedömning. Slutligen kan användningen av AI vid skadereglering komma att medföra lägre kostnader, vilket i sin tur kan leda till generellt lägre premier på sikt.

5. 4 320 timmar i metaversum

Michael Björn, Head of Research Agenda på Ericsson Consumer & Industry Lab

Förutsägelserna om ett framtida virtuellt metaversum är många. Ofta beskrivs en parallell och dystopiskt utomkroppslig existens, men mycket talar snarare för en mer rumsligt förankrad hybridvärld där digitalt och fysiskt sammanflätas.

Följ med på en resa in i detta metaversums innersta, där AI alltmer axlar rollen som skapare. Med sina ständigt uppkopplade sensorer bygger allseende algoritmer inte bara ett universellt fundament, utan engagerar sig med hjälp av maskininlärning också aktivt i alla detaljer; från att förutsäga vad som händer i varje ögonblick till att proaktivt forma människors beteenden. En värld där AI alltmer regisserar närmiljön i din vardag.

När företaget Facebook bytte namn till Meta frågade sig många vad metaversum (metaverse på engelska) egentligen är. Ordet meta hänvisar till något på en högre abstraktionsnivå och sammankopplat med (uni)versum menas med metaversum helt enkelt summan av alla virtuella världar. Dessa multipla världar behöver inte nödvändigtvis vara sammanlänkade för att vara del av metaversum, ungefär som att olika appar inte sinsemellan behöver kunna utbyta data för att vara en del av internet. AI kan existera utan metaversum, men även om enstaka virtuella världar kan existera utan AI kan knappast metaversum i bredare perspektiv göra det. Metaversum kan förmodligen inte heller existera utan att det finns människor som vill använda virtuella världar, så låt oss börja där. Min erfarenhet är att många föreställer sig något ganska dystopiskt när de hör talas om metaversum. Den typiska mänskliga reaktionen är en lätt förskräckt blick kombinerad med en avvärjande gest och några ord om SF-filmen *The Matrix* eller möjligen om *Ready Player One*. Båda dessa filmer beskriver en virtuell 3D-värld som existerar separat från en fysisk värld som är på dekis och där deltagarna går omkring som avatarer. Såtillvida påminner de om scenariot i Neal Stephensons roman *Snow Crash* där termen metaverse först användes. Men historien om virtuella 3D-världar handlar än så länge egentligen snarare om videospel.

Du sköna nya 3D-spelvärld

Virtuella 3D-världar har funnits sedan tidigt 80-tal, tack vare i sammanhanget banbrytande videospel som Battlezone och Monster Maze. Med miljöer som Minecraft och senare även Roblox har sådana 3D-världar dessutom blivit ganska mainstream. Att ambitionen i dessa spelmiljöer faktiskt är att skapa något så komplext att det faktiskt är en värld i sig kan exemplifieras med Minecraft, där det numera finns universella Turingmaskiner (maskiner som kan programmeras som datorer, man skulle exempelvis kunna bygga ett Minecraft-spel inuti Minecraft-spelet)[1], och dessutom ambitiösa försök att bygga modeller av hela vårt universum[2].

En annan virtuell 3D-värld med ambition att vara just universell är förstås Linden Labs Second Life[3] som också försökte lansera en virtuell ekonomi med en egen valuta, Linden-dollar, så att man skulle kunna köpa och sälja virtuella byggnader och markegendomar. Sverige öppnade en officiell ambassad där 2007,

---

1   Universal Turing Machine implemented in Minecraft redstone logic,
    https://www.youtube.com/watch?v=1X21HQphy6I
2   I Built the Entire Universe in Minecraft, https://www.reddit.com/r/Minecraftbuilds/comments/xviuyi/i_built_the_entire_universe_in_minecraft/
3   Second Life, https://sv.wikipedia.org/wiki/Second_Life

men efter att ha ursprungligen blivit mycket omskrivet dog dock intresset för Second Life ut ganska snabbt. Inte särskilt konstigt kan man tycka, för hur kul är det egentligen att sitta framför en skärm och styra en avatar samtidigt som man försöker låtsas att det är något mer än ett videospel?

Däremot tog intresset fart igen när Luckey Palmer med sitt företag Oculus lanserade VR-headsetet Rift på Kickstarter 2012, och ett lika enkelt som högkvalitativt sätt att utforska dessa 3D-världar inifrån med hjälp av virtuell verklighet, VR, utlovades. Innan headsetet hade kommit ut på marknaden hade Facebook köpt produkten för vad som ansågs vara en astronomisk summa. Valve, som driver världens största datorspelsplattform Steam, lanserade 2016 tillsammans med HTC ytterligare ett VR-headset, Vive, med förbättrad teknik för handkontroller som kunde spåras fritt i 3D och därmed var den nya vågen av avancerad konsumentorienterad VR här.

VR eller AR?

Även om VR-tekniken fick en hel del beundrare var det många som ifrågasatte marknadspotentialen. Själv har jag i skrivande stund spenderat exakt 4 320 timmar i SteamVR och därtill uppskattningsvis ett par tusen timmar i olika Facebook/Meta headset, sammanlagt motsvarande kanske tre arbetsår. Trots det förstår jag den kritik som riktas mot VR (och i förlängningen mot metaversum). Att helt låta sig omslutas av och inneslutas i en virtuell värld kan vara en klaustrofobisk upplevelse. Dessutom är det många som upplever sidoeffekter liknande åksjuka eftersom rörelser i den virtuella världen inte motsvaras av de rörelser som kroppen fysiskt uppfattar. Även om jag själv tycker VR är väldigt kul och inte har något emot att beskriva mig som VR-nörd, har jag mycket svårt för att se att VR blir ett lika vanligt sätt att använda internet imorgon som smartphones är idag. Däremot tror jag att förstärkt verklighet, AR (från engelskans augmented reality), kommer att bli det helt enkelt för att man hela tiden ser den fysiska omvärlden i AR och kan röra sig fritt, medan VR inskränker rörligheten till ett minimum. Smartphones har gjort oss vana att vid använda internet var vi än är, och AR erbjuder samma frihet.

AR och VR förhåller sig till varandra ungefär som det gamla idiomet om Muhammed och berget. Det vill säga, i AR kommer berget till Muhammed, men i VR får Muhammed gå till berget. Det hörs ju tydligt att det är lättare för Muhammed att ta sig till berget istället för tvärtom och VR är också tekniskt sett mindre komplicerat. Mer konkret, i VR flyttar vi människor oss in i den virtuella världen medan AR försöker lyfta den virtuella världen till oss, där vi befinner oss i det fysiska rummet.

Tanken med AR är att vi ska kunna uppleva, och i förlängningen också hantera, digitala föremål på samma sätt som alla de fysiska objekt vi har omkring oss. Ett exempel är mobilspelet Pokémon GO, som försöker få Pikachu och andra digitala varelser att bete sig som om de vore här mitt ibland oss. I en värld där digitala objekt beter sig på exakt samma sätt som fysiska objekt behöver vi inte lära oss något nytt för att använda internet, utan de förmågor som vi lär oss genom att växa upp i en fysisk värld kan användas också på digitala föremål; vi får ett naturligt användargränssnitt (på engelska »natural user interface«, NUI). Detta skiljer sig från dagens grafiska användargränssnitt (GUI) som bygger på metaforer där vi talar om fönster, menyer, papperskorgar och så vidare. Tyvärr beter sig de här sakerna inte som fysiska fönster, menyer eller papperskorgar och därför är det faktiskt ganska svårt att lära sig att använda dagens teknikprylar. Ett exempel som talar för sig själv är tanken på digitala infödingar (engelskans digital natives) som i grunden handlar om att det redan finns en parallell virtuell värld, i ett redan existerande metaversum, som endast de som är födda i har full tillgång till. Alla vi andra är digitala invandrare i den världen och kommer aldrig att vara något annat.

Eftersom både VR och AR bygger på naturliga användargränssnitt skulle därför alla människor potentiellt vara digitala infödingar oavsett vilken typ av teknikgeneration de fötts i, om tekniken gjordes allmänt tillgänglig. Men eftersom VR-tekniken dessutom har utmaningar med åksjuka och klaustrofobi är det mer sannolikt att ett framtida metaversum istället bygger på AR. Idag, när metaversum fortfarande är i sin linda, bygger vi det på VR, men i takt med att de tekniska utmaningarna med AR övervinns kommer vi gradvis att förflytta oss dit. Och den teknik som mer än någon annan kommer att möjliggöra denna förflyttning är just AI.

Deskriptiv AI: AR-scenens golvläggare

Det bör nämnas att det idag är svårt att tala om någon digital teknik överhuvudtaget som inte använder AI på ett eller annat sätt och inte minst då sådan teknik som har med bildbehandling att göra. Videospel använder dessutom flitigt AI för avatarer, och de som är intresserade av algoritmiskt genererade 3D-miljöer bör studera filmer som *Sagan om Ringen*.

Här fokuserar jag därför på sådan AI som är mer eller mindre unik för AR. Detta är ingen svår begränsning eftersom AI faktiskt krävs för att det ska bli någon AR överhuvudtaget.

Själva fundamentet för AR skulle vi kunna kalla för deskriptiv AI. Väldigt förenklat går AR ut på att placera tredimensionella digitala föremål i den fysiska världen, och för detta behövs allra minst en plan yta identifieras som dessa digitala objekt kan placeras på. Detta görs med hjälp av data från sensorer (som kan vara kameror, LIDARs, eller något annat) som sen analyseras med hjälp av AI för att skapa en digital karta av omvärlden, en sorts digital tvilling som är avståndsmässigt tredimensionellt positionsbestämd från sensorn.

Om den digitala tvillingen sedan hela tiden uppdateras när användaren rör sig (och sensorn därmed förflyttas), kan digitala föremål placeras ut på den fysiska ytan som användaren kan interagera med från alla olika vinklar när hen rör sig runt objektet. Du kan själv enkelt prova detta genom att exempelvis spela Angry Birds AR på din smartphone. När du rör din smartphone över golvet i en cirkel lägger en AI-algoritm i telefonens sensor det digitala scengolvet och sedan kan du gå runt på scenen och spela.

Tyvärr behövs det väldigt mycket beräkningar om vi vill kunna gå omkring fritt och få våra digitala föremål att följa med oss i realtid, så det krävs ännu mer AI-support för att göra helt mobila AR-applikationer. Ett sätt att lösa detta kan vara att flera användare går omkring med sensorer och samarbetar genom att dela information och gemensamt bygger upp de digitala kartorna av omgivningen. Även här kommer AI att behövas för att sy ihop alla användares kartdelar till en enhetlig digital tvilling över en yta som täcker alla användarna.

Prediktiv AI: AR-scenens ständige sufflör

Än så länge har vi mest talat om plana ytor trots att den fysiska verkligheten är mycket mer komplicerad. Låt oss säga att vi har en Pikachu (från spelet Pokémon GO) som nu kan springa med oss när vi går över en plan yta, men att Pikachu plötsligt blir rädd när en annan person närmar sig och därför hoppar upp i ett träd. Nu behöver Pokémon GO-spelet i någon mån förstå vad det är för skeende som utspelar sig. Den digitala kartan blir till en scen där vi använder AI för komma fram till att det faktiskt är en person det där som närmar sig. Det räcker dock inte bara med att känna igen föremål, som exempelvis ett träd där till vänster om människan, utan AI behövs också för att förstå att det finns grenar i trädet som en Pikachu skulle kunna sätta sig på, även om sensorerna faktiskt inte identifierat dessa grenar (exempelvis på grund av att de mest riktats mot marken för att upptäcka plana ytor).

När vi börjar försöka hantera människor och träd i vår AR-app räcker det inte längre med deskriptiv AI. Vår deskriptiva AI kan bara konstatera att det ena är en människa och det andra är ett träd. Nu behöver vi dessutom prediktiv AI för att förstå dynamiken i hur föremålen samverkar och vad som är på väg att hända härnäst, ungefär som en sufflör på en teaterscen som viskar i skådespelarens öra om denne tappar bort sig. För att Pikachu ska kunna bli rädd för människan på ett trovärdigt sätt, behöver spelet förstå att människan är på väg mot oss, kanske kommer den till och med att trampa på Pikachu, aj aj! Detta leder i sin tur till en mängd prediktiva dominoeffekter; kanske vill Pikachu veta var den annalkande människans händer och blick är och även här kommer datamodeller och AI in för att förutse hur rörelserna ser ut.

Preskriptiv AI: AR-dramaturgen

Trädet däremot föranleder en annan sorts resonemang som åtminstone till viss del kan beskrivas som preskriptivt (eller normativt) och inte bara prediktivt. Pikachu har flytt upp i något som våra objektigenkännande datamodeller har bestämt är ett träd. Modellen vet att ett träd är fullt av grenar, men däremot är det kanske inga sensorer som faktiskt har skannat av trädet, eftersom människorna som bär sensorer i sina AR-glasögon ännu inte har tittat upp i trädet. Därför genererar nu en preskriptiv AI likt en dramaturg i en digital teaterföreställning en helt ny bild av trädets grenar så att Pikachu kan sätta sig på en av dessa. När människorna tittar upp efter Pikachu upptäcker sensorerna med stor sannolikhet att grenarna inte satt på exakt det sätt AI-modellen hittade på. Men istället för att nu plötsligt låta Pikachu hänga i tomma luften låter AI-modellen den påhittade grenen finnas kvar. Problemet är löst och personen som spelar Pokémon GO är nöjd och glad eftersom det hela känns verkligt. En eller ett par extra grenar som låtsas tillhöra verkligheten känns ju ganska oskyldigt, men den mer filosofiskt lagde kanske känner ett visst obehag. Och i så fall med viss rätt. Vi har ju gått från att använda AI för att ta reda på hur omvärlden är beskaffad och var vi kan placera ut digitala föremål i den till att istället låta AI bestämma hur verkligheten ser ut!

Detta kan kännas som ett hypotetiskt fall, men det finns redan kommersiella massmarknadsprodukter som använder preskriptiv AI av liknande slag. NVIDIAs RTX 4000-serie av grafikkort har en funktion kallad DLSS 3 som används för att öka bildfrekvensen. Tidigare varianter av DLSS använde prediktiv AI för att förutsäga var nästa pixel i en ruta skulle hamna, men DLSS 3 tar ett massivt språng framåt och ritar preskriptivt helt enkelt upp helt nya bildrutor som sätts in mellan faktiska bildrutor, och därmed ökas bildfrekvensen rejält. DLSS 3 används ännu inte för att manipulera verklighetsupplevelsen i AR men eftersom föregångaren DLSS redan används för VR[4] känns steget inte så långt.

En annan typ av preskriptiv AI används däremot redan idag på ett helt annat sätt med AR. Låt oss gå tillbaka till Pokémon GO, vars ägare Niantic säljer något som kallas sponsrade platser[5]. Genom dessa sponsrade platser erbjuder Niantic sina företagskunder att köpa tillgång till sin användarbas. Detta sker i form av olika platsbestämda minispel som exempelvis strider mellan olika Pokémon-figurer eller kanske möjligheten att fånga en ovanlig Pokémon. Allt detta placeras i närheten av den fysiska plats som köparen vill locka besökare till. Om vi inom traditionell reklam talar om »eyeballs« handlar det alltså här istället om »footfalls«, dvs. att konsumenterna faktiskt besöker butiken eller vad det nu kan vara för plats. Att på detta sätt få besökare levererade kostar betydligt mer än att få någon att bara se en annons

---

4 Nvidia DLSS improves the frame rate of Microsoft Flight Simulator VR, https://mixed-news.com/en/nvidia-dlss-improves-the-frame-rate-of-microsoft-flight-simulator-vr/

5 Sponsored Locations for Business, https://nianticlabs.com/en/sponsoredlocations/

på en webbsida, kanske så mycket som 50 cent per person, och därför blir det viktigt för köparen att optimera antalet besökare. Låt oss säga att en McDonalds-restaurang har ont om kunder vid tretiden på eftermiddagen och vill få 100 extra besökare. Med hjälp av AI som har tränats på användardatabasen räknas då ut vilken sorts Pokémon som behöver placeras vid restaurangen för att locka rätt antal spelare för att exakt rätt antal av dem har gått så långt att de känner sig tillräckligt törstiga eller hungriga för att gå in på McDonalds-restaurangen ifråga och beställa något. Det finns alltså en bild av verkligheten där restaurangen har 100 kunder för lite, men Pokémon GO-spelare används nu som pixlar för att rita om den verkligheten så att den innehåller 100 nya restaurangbesökare, varken fler eller färre.

Bara för att preskriptiva metoder börjar användas innebär det däremot inte att deskriptiva och prediktiva metoder kommer att försvinna. Tvärtom. Sensorer för AR kommer inte bara att kartlägga och agera sufflör åt vår omvärld utan dessutom kommer användarna själva att kartläggas och deras beteenden kommer att mata prediktiva datamodeller. Meta Quest Pro är ett av de första allmänt tillgängliga headseten som utrustats med inåtvända sensorer för att analysera ögonrörelser såväl som ansiktsuttryck, något som lär bli allt vanligare under de kommande åren. I framtiden kommer kombinationen av AR och AI med andra ord att användas på många andra sätt för att bestämma vad vi människor upplever, och vad vi gör.

Är förstärkt verklighet, AR, rimligt?

I ljuset av detta blir den naturliga frågan hur mycket förstärkning av verkligheten som är rimlig, eller om verklighetsförstärkning alls ska tillåtas. En sorts förstärkning jag absolut tycker behövs är flytten av själva AR-upplevelsen från smartphones till glasögon. Även om jag som tidigare nämnts spenderat tusentals timmar i VR är antalet timmar jag spenderat med AR i smartphones nästan försumbart. Redan idag har jag ägnat mer tid åt AR-upplevelser i Microsoft HoloLens och liknande AR-headset, trots att dessa har både begränsad synvinkel och begränsat applikationsutbud. Men den som försökt hålla en telefon framför sig för att uppleva världen med AR märker snabbt två saker. För det första blir telefonen tung som bly efter bara några minuter i en utsträckt hand, och för det andra ser man lätt förbi skärmen och upptäcker då besviket att de digitala föremålen inte finns där utan bara är fejk. Trots att exempelvis Tim Cook hävdar att Apple har över 14 000 AR-appar i sin App Store redan idag[6], är användbarheten begränsad och utgör snarare 14 000 rop efter en Apple-pryl att sätta på näsan. En sådan lär dessutom vara på gång, även om ett par iterationer kanske krävs innan den är redo för massmarknaden.

Frågan om hur mycket subjektiv förstärkning vi kan tänka oss när det är AI som är subjektet och människan som är objektet för sådana förstärkningar är förstås svårare att entydigt besvara. Uppdelningen av AI i deskriptiva, prediktiva och preskriptiva komponenter har jag lånat från Shoshana Zuboffs kända bok om övervakningskapitalism[7]. En av hennes huvudpoänger är att preskriptiv AI är svår för oss människor att upptäcka eftersom den manipulerar oss på ett sätt som ofta är bortom vår förståelsehorisont. Enligt henne är dessutom den ekonomiska drivkraften bakom preskriptiv AI mycket stark eftersom den har som mål att inte bara minska risken bakom kommersiella satsningar utan att helt enkelt eliminera den helt. Den framtida vinsten räknad i kronor och ören förändras därmed från en prognos till ett etablerat faktum redan innan aktiviteten som genererar vinsten har inträffat. Zuboff ser dock inte något enkelt sätt att förhindra utvecklingen av preskriptiv AI, eller något enkelt regelverk för

---

6   Tim Cook once again teases Apple's AR tech, https://9to5mac. com/2022/06/22/tim-cook-ar-headset-interview/
7   Shoshana Zuboff, The Age of Surveillance Capitalism: The Fight for a Human Future at the New Frontier of Power (1st ed.). PublicAffairs. p. 704 (2019).

att begränsa eventuella negativa effekter på samhället. Istället hoppas hon på ett brett engagemang i dessa frågor, från allmänheten likaväl som från journalister och politiker.

Manipulationer med hjälp av preskriptiv AI är alltså inte på något sätt begränsade till metaversum. Tvärtom sker utvecklingen i huvudsak på andra fronter idag, eftersom metaversum fortfarande är i sin linda. Preskriptiv behandling av digitala bilder kommer rimligen att fortsatt handla om spelutveckling och olika typer av simulationer för professionellt bruk innan steget till metaversum tas, och fokus för preskriptiv AI för konsumentmarknaden kan mycket väl fortsätta att vara den mer traditionella reklam för den plattskärmsversion av internet vi redan har idag under ytterligare många år.

Men det är just i metaversum som frågan blir bokstavligen existentiell: Om metaversum inte kan existera utan AI, hur ska vi hantera en digitaliserad verklighet som alltmer iscensätts av en dramaturg som inte är mänsklig?

6. Kan maskiner vara chefer?

Victor Bernhardtz, ombudsman för digitala arbetsmarknader på Unionen

När jag berättar för människor jag möter att jag arbetar med frågor kring automatisering av arbetsledningsmoment får jag ofta en av två reaktioner:

»Eh, wow, är vi på väg mot Terminator?«, eller »Fantastiskt, det vore underbart att få lite objektivt chefskap för en gångs skull«.

Nu är det inte de enda reaktionerna jag möter. Men de illustrerar väl, om än genom att representera ytterligheterna, de möjligheter och den oro som omger samtalet om huruvida AI-system kan bli chefer och i så fall om det är önskvärt.

Digitala versioner av människor

Under 2000-talet har vi kraftigt ökat mängden information om oss själva, som vi delar med andra, medvetet eller omedvetet. Att detta sker kommer sig dels av att de datorer, smartphones, TV-apparater, fordon och så vidare som vi använder, samlar in information om hur vi använder dem. Dels beror det på att vi aktivt, genom bland annat sociala medier, delar med oss av vad vi tycker, hur vi ser ut, var vi är och vad vi gör.

De data som vi delar på det här sättet samlas in, lagras, kopieras, köps, säljs och används. Inte sällan för att förenkla vardagen för oss. Men också för att profilera oss, skapa en digital version av oss, exempelvis i rollen som kund. Vi har vant oss vid att löpande dela data om oss själva. För många upplevs det till synes oproblematiskt. Att det inte spelar någon roll för den som inte har något att dölja. Men vi har också fått en samhällsdebatt om den här historiskt relativt nya företeelsen.

I debatten har en rad problem identifierats under 2010-talet, där vissa menar att användande av dessa data i förlängningen urholkar demokratin, när de missbrukas för politisk propaganda, exempelvis i sociala medier. Röster har höjts om att vi glömmer bort att värna vår personliga integritet i allt det positiva som kan komma av att dela personliga data. Eller till och med om att det är omöjligt att dela information om sig själv och att samtidigt värna sin integritet.

En parallell utveckling under framför allt de senaste åren, är att vi i ökad takt bygger maskiner som har till uppgift att studera, tolka och förutse vad vi människor gör, tänker, tycker och känner. Till sin hjälp har maskinerna bland annat ovan nämnda data. Vissa menar att den här tekniken inte i praktiken kan leverera vad den lovar, eftersom människors känslor och ambitioner inte kan tolkas av de system som vi har utvecklat hittills. Att de digitala versionerna av oss inte kan ha den dimensionen. Andra menar tvärtom att det är fullt möjligt för de här maskinerna att göra just det. Oavsett kan det konstateras att det finns en marknad för tekniken och att det finns produkter att köpa på marknaden.

Digitala versioner av anställda

På samma sätt som datorsystem kan teckna en digital version av en människa i rollen som kund, kan en digital version av en anställd konstrueras. Här blir data om hur arbetsverktyg används, om hur interaktioner sker i arbetet, om vad som produceras, hur en anställd rör sig geografiskt eller på arbetsplatsen intressant.

Viktigt att komma ihåg är att varken den digitala versionen av kunden eller medarbetaren kommer att vara en fullständig version av en individ. Den digitala versionen är snarare att se som en representation av vissa beteenden och uttryck, om vilka data kan samlas in för att göra en syntes. Hur nära en meningsfull version av en individ det är möjligt att komma är föremål för en akademisk debatt som inte ska redovisas här. Men vi kan konstatera att digitala versioner av anställda är ett relativt nytt fenomen och används som ett verktyg i organiseringen av arbetet. Att samla in data om anställda och om vad anställda gör i arbetet är däremot inte nytt i sig. Övervakning och kontroll har länge varit en del av arbeten och arbetsplatser. Genom övervakning kan arbetsgivaren, bland annat, generera data för analys, med syftet att nå en ökad produktivitet.

Om sådan analys kan utföras i datorsystem med kapacitet att hantera större datamängder, jämfört med en mer analog hantering, blir det givetvis intressant, då det (åtminstone teoretiskt) möjliggör djupare och bredare arbete för att nå ökad produktivitet. Inte minst om datorsystemen dessutom kan erbjuda rekommendationer gällande strategiska val på vägen mot en mer framgångsrik affärsmodell. Eller till och med agera automatiskt för att en viss strategi ska fullföljas.

I litteraturen och debatten ges den här sortens teknikanvändning namn som »datadriven HR«; »algoritmisk arbetsledning« eller »datainformerat ledarskap«, för att nämna några. I den här texten används algoritmisk arbetsledning, för att betona systematisk användning av stora datamängder om medarbetare, i organiseringen av arbete.

Här ska läggas till att covid 19-pandemin har accelererat en implementering av datorsystem i arbetssituationer med renodlade övervakningsfunktioner. Det här är förvisso vanligare i mindre egalitära arbetsplatskulturer, i bland annat Storbritannien och USA. I en sådan arbetsplatskultur är förtroendet för den anställde inte sällan lägre, vilket ger upphov till övervakning som syftar till att identifiera möjligheter för repressalier, eller övervakning vars syfte inte är något annat än att övervaka. Dataskyddsförordningen har sannolikt en dämpande effekt i Sverige. Men det är likväl en viktig trend att studera och diskutera, inte minst i ljuset av att alltmer information om anställda blir intressant för allt fler arbetsgivare. Det ökade intresset av att samla in all möjlig data måste diskuteras kritiskt. Oavsett om syftet är gott eller inte.

Maskinen som chef?

Algoritmisk arbetsledning förefaller i dagsläget implementeras bredast inom transport- och lagerverksamhet. Personer, mat, föremål ska flyttas mellan punkt A och punkt B, där människan har till uppgift att köra taxin, leverera middagen eller plocka lådan. Datorsystemet talar om för människan var personen, maten eller lådan finns och vart den ska.

Det är en art av algoritmisk arbetsledning som har mött kritik. Den har sagts vara oprecis och oförklarlig. Exempel finns på när instruktioner som de här systemen producerar har blivit uppenbart orimliga. Förare med ett par hundra meter till en potentiell kund kan förbises, till förmån för en förare flera kilometer bort. Annan kritik bottnar i att det inte som utförare går att förstå hur systemet resonerar eller fungerar. Samtidig saknas ofta möjligheter till enkel direktkontakt med en fysisk person. Människan kommer i kläm och kan inte argumentera med en skärm.

Roten till problemet kan här sägas vara att människan får till uppgift att passa in i hur systemet fungerar. Vi vet att människor är olika, fungerar olika och har olika behov. Här uppstår en krock mellan ambitioner om minskade transaktionskostnader genom algoritmisk arbetsledning, och en holistisk syn på den arbetande människan.

Flertalet företag som implementerar system för algoritmisk arbetsledning, gör det givetvis inte för att skapa interaktioner mellan människa och maskin som lämnar mycket att önska. Men goda ambitioner innebär inte automatiskt att det blir goda resultat. Det är centralt att synliggöra och att bära med sig. Att vi ska lära av historien kan förvisso sägas vara självklart, men i en tid av allmän teknikoptimism blir det särskilt viktigt. Inte minst med tanke på att AI-system har fått en roll i att möta stora utmaningar.

Många företag, inte minst äldre och större företag, står mitt i kompetensutmaningar som kommer av skiftet mot bland annat mindre miljö- och klimatpåverkande produktion och produkter.

Om fordonstillverkare inte längre ska ha förbränningsmotorer i sina produkter behöver tusentals, tiotusentals, medarbetare lära sig den nya tekniken. Kompetensen måste byggas i det egna företaget. Den finns inte tillgänglig att rekrytera, eftersom det stora flertalet fordonstillverkare står inför samma utmaning. Problembilden kan appliceras på en lång rad företag i hart när alla branscher.

I en sådan situation kan algoritmisk arbetsledning vara ett verktyg för att nå djupare insikter om de anställdas prestationer, kompetenser och utvecklingspotential. Steget från det till en mer allmän användning av algoritmisk arbetsledning förkortas då, i och med att fler aktörer bekantar sig med tekniken. Men det kräver som sagt att det finns data som kan ge svar på den sortens mer sofistikerad analys. Det blir i så fall intressant för arbetsgivaren att söka kunskap om olika aspekter av de anställda, för att kunna teckna en så fullödig digital representation som möjligt. Arbetsgivaren behöver följaktligen samla in data om hur de anställda arbetar, vad de tycker om sitt jobb och om företaget, hur kandidater upplever en anställningsintervju, eller hur de anställda mår.

Vi får en kombination av data som representerar dels det som tidigare har samlats in till den traditionella produktivitetsanalysen, tillsammans med data till de nya (kanske ännu ofärdiga) möjligheterna att förstå vad de anställda känner, och vilka de är.

Datahantering och risker

Vad blir då viktigt för den som söker utnyttja potentialen med algoritmisk arbetsledning, utan att för den sakens skull hamna med ett system som efterhärmar de tidigare nämnda, med de problem som de medför?

IT-säkerhet är ett stort huvudbry för flertalet företag. Lägg till vikten av att personuppgifter om anställda behöver skyddas särskilt, och att det till synes inte är en fråga huruvida system med en stor mängd personuppgifter hackas eller läcker. Utan att det snarare är frågan om vilket system och vilka personuppgifter som stjäls nästa gång.

Om något skiljer mellan algoritmisk arbetsledning och mer traditionell och mer analog arbetsledning är det mångfalden i och volymen i de data om medarbetare som behövs. När informationstillgången om enskilda medarbetare ökar markant ökar också riskerna att data, det vill säga personuppgifter, hamnar i orätta händer. Risken ökar även för att data används i ändamål som den inte från början har samlats in för. Båda kan utgöra kränkningar av de anställdas integritet.

Sannolikheten att data används till saker den inte var tänkt från början är möjligen ännu större, om sådan felaktig användning inte förebyggs. Ju mer tillgängliga data som kan tänkas berätta något som möjliggör en förbättring i produktionen, desto större blir lockelsen att sätta datan i arbete. Men datainsamling är behäftat med tydliga regleringar i dataskyddsförordningen om att data endast kan användas till de ändamål som har stipulerats och informerats om, innan insamlingen äger rum. Det är regleringar som relaterat till algoritmisk arbetsledning skyddar anställdas digitala integritet.

Generellt gäller att arbetsgivare är skyldiga att uppgiftsminimera, det vill säga säkerställa att behandlade personuppgifter är adekvata, relevanta och inte för omfattande i förhållande till de ändamål för vilka de behandlas. Det blir dessutom alltid fråga om en intresseavvägning, mellan arbetsgivarens intresse i att hantera personuppgifter och den anställdes intresse av att personuppgifter inte ska hanteras.

I sammanhanget ska det påpekas att en anställd som utgångspunkt inte kan samtycka till vilka personuppgiftsbehandlingar som helst, genom att exempelvis skriva på en policy. Det beror på att den anställde befinner sig i ett ojämnt styrkeförhållande gentemot arbetsgivaren, vilket försvårar ett samtycke utifrån jämlika positioner. Brott mot dataskyddsförordningen kan äga rum även om arbetstagaren har samtyckt. Det är dock närmast omöjligt att generellt avgöra om en viss hantering av data är tillåten eller inte. Huruvida en hantering är att betrakta som tillåten eller inte beror på förhållandena i varje enskild situation.

Vem bestämmer?

Så långt risker med hantering av data i system för algoritmisk arbetsledning. Ytterligare utmaningar finns i hur systemen fungerar, ur den anställdes perspektiv. Vi kan föreställa oss ett lönesamtal som faller ut till en persons nackdel, med hänvisning till att systemet pekar på att arbetsprestationerna har vikt nedåt över tid. När den anställde förvånat hävdar att hens upplevelse är den motsatta, visas en analys på en skärm som utgör arbetsgivarens grund för samtalet. Den anställde försöker insistera att systemet har missat att registrera eller fånga det hen har gjort, men arbetsgivaren går på linjen att systemet har sagt sitt.

Det må låta som en karikatyr av den minst eftersträvansvärda situationen som kan uppstå. Men det är ett exempel på hur algoritmisk arbetsledning kan se ut. I situationen saknar den mänskliga chefen antingen insikt om att systemet kan ha fel, eller mandat att inte följa systemets felaktiga rekommendationer. (Båda dessa förhållanden kan vara sanna samtidigt.) Förutom att det illustrerar nödvändigheten i att beslut alltid ska kunna härledas till och överprövas av en människa, innebär det en implementering av algoritmisk arbetsledning där endast vissa delar av utfört arbete syns i systemet.

En oönskad spelifiering

System för algoritmisk arbetsledning kan enkom arbeta med och lösa sin givna uppgift med data som matas in i systemet. Det riskerar att ge upphov till situationer där endast de arbetsmoment och interaktioner som anses vara mätbara kommer att utgöra grund för exempelvis arbetsledning och lönesättning. Vad som är mätbart och inte, vilka metoder som är bättre eller mindre applicerbara, har debatterats så länge den vetenskapliga modellen har använts för att förstå vår värld.

De flesta bör kunna skriva under på att det i dag saknas metoder för att mäta alla enskilda moment och interaktioner i arbetet, på samma sätt som vi människor, med våra dynamiska förmågor, har kapacitet till. Följaktligen måste vi erkänna att algoritmisk arbetsledning ännu inte, ens på ett teoretiskt plan, kan ersätta människor i alla delar av chefsrollen.

Utöver det kan vi tänka oss följande scenario: I god ordning informerar arbetsgivaren exakt om vilken data som kommer att samlas in och i vilket syfte. Om systemet ska leda arbete och/eller ges i uppgift att bedöma arbetsprestationer, uppstår incitament för de anställda att maximera utförandet av just de uppgifterna.

Vi får en närmast spelifierad situation, där anställda jagar pinnar i mer eller mindre mätbara arbetsaktiviteter. Dels för att få höga poäng i systemet, dels för att undvika att anklagas av systemet för att inte utföra arbetsuppgifterna. Samtidigt uppstår incitament att försumma det som inte mäts och premieras av systemet. En cocktail av okritisk teknikoptimism, tilltro till statistiska modeller som sanningssägande, samt en bristande förståelse av vad som skapar produktivitetsökningar. Som i förlängningen leder till att produktionen i verksamheten minskar i både omfattning och kvalitet.

Vägval för framtidens arbete

Det finns två frågor som kan vara bra att ställa sig inför implementering av ny teknik i sin verksamhet:
1) Är tekniken så pass utvecklad att den kan sägas fungera som det är tänkt?
2) Överväger potentialen med tekniken riskerna?
Uppställningen ovan utgör nu inte två helt separata spår och problemformuleringen är givetvis mer komplex. Det är exempelvis lätt att tänka sig att om svaret på den första frågan är »nej«, så blir svaret på även den andra frågan »nej« i flertalet situationer. Men

samtidigt kan det finnas värden i att arbeta med verktyg som är under utveckling. Operativsystem för datorer och smartphones, för att illustrera med något som de allra flesta av oss kommer i kontakt med, kan kanske aldrig sägas vara färdiga. De har alltid haft sina fel och brister, men har likväl skapat stort värde. Att välja bort operativsystem med grund i att de inte är perfekta känns väl drastiskt.

Bör vi då applicera samma tankemodell när det kommer till datorsystem vars uppgift det är att, åtminstone delvis, hantera arbetsledningsmoment? Oavsett hur nära eller långt bort från »ja« vi står i de två frågorna ovan, är det till att börja med att rekommendera att en så pass omfattande förändring i arbetsorganisationen hanteras enligt gällande lag och kollektivavtal. Syftet bör inte i första hand vara regelefterlevnad, även om det är viktigt, utan att förankra förändringen på arbetsplatsen och att göra den gemensam. Om den gemensamma slutsatsen är att implementering av algoritmisk arbetsledning alls ska äga rum.

Den aspekt som bör ingjuta störst tvekan, och som kommer att vara ständigt aktuell vid en implementering, är avvägningen mellan möjligheter och risker. Frågor om datahantering, integritet och produktivitetsnytta behöver ställas innan ett system konstrueras, efter att det har kommit på plats, samt varje gång systemet utvecklas och uppdateras. Löpande utvärdering blir central. En strävan att bygga så förklarbara system som möjligt bör styra arbetet. Utöver det krävs robusta system för att hantera situationer där riskerna har slagit till, då det förefaller osannolikt att så aldrig skulle ske.

Det behöver finnas garantier och spärrar särskilt för att en datainsamling i ett visst syfte inte sen används i andra syften, eller säljs vidare till tredje part. En datainsamling om arbetsprestationer riskerar att framkalla oro för att registrerad data i ett senare skede kommer att användas mot en. Det riskerar i sin tur att skapa rädsla för att göra fel, ett defensivt sätt att arbeta. En arbetsplatskultur där nervositet präglar arbetet och nytänkande och prövande arbetssätt hämmas.

Avslutande reflektioner

Automatisering kan ses som en process där vi flyttar arbetsuppgifter från människor till maskiner och gör människor till övervakare av maskinerna. I fallet med algoritmisk arbetsledning sker då en överföring av arbetsledande arbetsuppgifter från en människa till ett datorsystem. Den mänskliga chefen finns kvar, men med nya arbetsuppgifter, bland annat att övervaka maskinen.

Till denna förenklade förklaring av automatisering måste vi tillföra en särskild faktor som inte kan lämna människan: Ansvaret. En arbetsgivare kan inte plocka bort ansvaret för sina anställda eller de beslut som fattas om dem, bara för att rekommendationerna som leder till besluten kommer från en maskin. Oavsett hur rätt maskinen kan tänkas ha måste arbetsgivaren alltid kunna peka på den chef som har ansvar för att hantera saker som inte fungerar.

Blir det Terminator eller hundraprocentig objektiv och saklig bedömning av arbetsprestationer? Utan att göra tvärsäkra förutsägelser om framtiden, kan det hävdas att inget av dessa två scenarion kommer att inträffa om inte människor vill att de ska bli verklighet. Vad vi får av ny teknik handlar inte bara om vad som är möjligt utan om vad vi vill och hur vi vill ha det.

Det är frågor som inte går att angripa utan ett maktperspektiv. En arbetstagare är i beroendeställning till arbetsgivaren. Säkerställande av att de risker som här har diskuterats hanteras på ett sätt som inte placerar arbetstagaren i en utsatt situation, vilar därmed på arbetsgivaren. Algoritmisk arbetsledning är en teknik som kan missbrukas av den arbetsgivare som inte har de anställdas välbefinnande i första rummet. Det innebär att arbetsgivare som vill använda sig av algoritmisk arbetsledning gör klokt i att visa hur riskerna kommer att förebyggas, innan ett system börjar implementeras. Här ska vi komma ihåg att goda resultat och riskminimering i allmänhet frodas i miljöer präglade av samförstånd och samarbete, med människors välbefinnande i centrum.

7. AI och framtidens underrättelsetjänst

Nadja Friborg, senior analytiker på Polismyndigheten & Mats Koraeus, senior analytiker vid Försvarshögskolan

Vi befinner oss i ett världsläge där en rad säkerhetspolitiska och tekniska omvälvningar har kommit slag på slag, och där vi på kort tid har behövt omvärdera synen på den fundamentala hotbilden som har skapats mot samhällets centrala funktioner. I perioden mellan den ryska invasionen i Ukraina 2014 och de förnyade och intensifierade angreppen under senvintern 2022 har vi kunnat se hur konventionell krigföring med tillhörande propaganda har övergått till att handla allt mer om drönare, semi-autonoma »smarta« vapen och en störtflod av memes. Även om Ukraina snabbt har blivit det mest påtagliga exemplet kunde vi se samma trend under konflikten mellan Armenien och Azerbajdzjan i Nagorno-Karabach under hösten 2020, där ett konstant videoflöde från framför allt azerbajdzjanska drönare användes för att visa en bild av landets framgångar.

Vi har samtidigt fått nya hushållsord såsom »fake news« och »alternativa fakta« – fenomen ofta understödda av olika grader av direkt manipulation av text och bild för att skapa bevisföring för dessa påståenden om en alternativ verklighet. Det som tidigare var en stängd värld av underrättelseinhämtning och *fog of war* – den inneboende osäkerheten på alla nivåer om hur en konflikt faktiskt förlöper – har, om än inte försvunnit, så åtminstone kompletterats med en frivilligbaserad *open source intelligence* (OSINT): underrättelseinhämtning från öppna källor. Med hjälp av realtidsdata från allehanda spårningstjänster, från övervakningssystem för flyg- och båttrafik från mobildata, och från att helt enkelt jämföra allt detta bild- och videomaterial med allt från satellitbilder, navigationssystem och gamla hederliga kartor till allehanda databaser med semesterfoton, kan en lägesbild över vem som gör vad produceras med en hastighet som hade chockerat tidigare generationer av analytiker.

Underrättelser som verktyg i en konflikt har också fått en funktion under dessa konflikter. I stället för att som tidigare hålla underrättelseinformation bakom lås och bom för den egna planeringen används de nu helt öppet, om än i urvattnad form, som en del av propagandan och det allmänna informationsflödet. Det implicita budskapet att »vi vet vad ni gör, innan ni ens har gjort det« har varit en konstant i västs kommunikation till Ryssland sedan flera månader innan de faktiska angreppen ägde rum och är en så oväntad vändning mot hur den här sortens insikter brukar användas att till och med västerländska underrättelse- och säkerhetstjänster tidvis själva har haft svårt att tro på uppgifterna. Det är kanske här den stora omvälvningen har skett, och där det fundamentala tankesättet och kulturen kring säkerhetspolitisk analys börjar få svårt att hinna med. Det är så många nya flöden från så många olika håll, alla med sin egen agenda och sitt eget budskap att föra fram; så mycket som kan förvanskas så enkelt på så många olika sätt för att förstärka alla dessa budskap; och så många datakällor som utgör grunden för detta flöde att brusnivån bara kan beskrivas som accelererande i ett läge när allt större tydlighet och klarhet efterfrågas.

Till och med begreppsfloran börjar få svårt att följa med i svängningarna. Under det senaste decenniet har idén om en »gråzon« växt fram för att nu börja vara på dekis. Det var tänkt att beskriva ett konfliktläge där en motståndare använder alla tillgängliga medel – från informationspåverkan och systematiska kampanjer för att skapa misstro och oro i samhället, till sabotage och störningar i samhällsviktiga system, till ekonomisk infiltration – utan att någonsin gå över gränsen för vad som skulle kunna klassas som ett angrepp och helst utan att angriparen rent faktiskt kan identifieras. I gråzonen kan samhället nötas ner och försvagas tills all legitimitet och förmåga att ställa upp ett samlat motstånd är borta, och sedan kan motståndaren med minimala konventionella medel få sin vilja igenom. Begreppet har förlorat sitt värde i och med att detta numera allt som oftast ses som en normalbild.

Med detta som bakgrund är teknisk utveckling inom artificiell intelligens (AI) och maskininlärning (ML) bland de viktigaste trenderna som staters säkerhetstjänster måste följa. I förlängningen gäller detta för alla som arbetar med säkerhet inom samhällsviktig verksamhet. Samtidigt är det svårt att se att alla kommer ha möjlighet att skaffa, än mindre upprätthålla, den kompetens som behövs.

AI-utvecklingen innebär både hot och möjligheter för dessa aktörer. Utvecklingen bidrar till en komplex hotbild genom att introducera nya säkerhetshot, till exempel AI-styrda vapen och AI-stödd strategisk planering, och genom att förvärra redan existerande säkerhetshot, såsom cyberattacker och nya verktyg för psykologisk krigföring där deepfakes är ett av de mer uppmärksammade exemplen. Säkerhetstjänsten behöver inte bara förstå hur AI påverkar hotbildsanalysen och hålla denna förståelse uppdaterad i takt med utvecklingen. Säkerhetstjänsterna måste också nyttja möjligheterna med AI för att hantera den rådande informationsmiljön, ökade osäkerheter, och för att försöka bringa mer klarhet i gråzonsproblematiken. I stället för att drunkna i data bör moderna underrättelsetjänster använda AI för att göra det möjligt att hitta mönster i enorma datamängder och förbli relevanta för sitt uppdrag. En bättre informationshantering med hjälp av AI-verktyg ökar även förutsättningarna för att kunna förstå de komplexa hotbilderna. Gråzonen gör beslutsfattandet svårare eftersom hela poängen med att motståndaren bedriver aktiviteter i gråzonen är att det gör attribuering svårare.

Så hur kan underrättelse- och säkerhetstjänsten nyttja möjligheterna med AI/ML för att hantera den rådande informationsmiljön och för att förstå allt mer komplexa hotbilder?

AI/ML-verktyg för en mer effektiv underrättelsetjänst
Vi befinner oss i en tid då tillgången på data ökar exponentiellt. Enligt en beräkning av NSA skulle USA:s underrättelsesamhälle behöva 8 miljoner bildanalytiker år 2037 för att hantera alla tillgängliga bilddata. Konstaterandet illustrerar att det inte längre är möjligt att denna hantering sker manuellt och att den rådande informationsmiljön kräver att underrättelsetjänsten förändrar hur de hanterar information. Detta kommer att bli avgörande för att underrättelsetjänsten skall kunna uppfylla sitt uppdrag om att leverera relevanta underrättelser till beslutsfattare.

Eftersom information från öppna källor ökar både i mängd och i relevans för underrättelsetjänsten innebär det också att hemlig information blir mindre relevant än tidigare. Medan underrättelsetjänsten länge haft svårt för att acceptera OSINT som en underrättelsekälla har den inte längre råd att ignorera information bara för att den kommer från en öppen källa. Det kommer att bli allt viktigare för underrättelsetjänsten att kunna smälta samman information från olika källor, inklusive öppna källor, för att lyckas med sitt uppdrag. För en mer effektiv informationshantering och en ökad användning av OSINT behöver därför underrättelsetjänsten nyttja kombinationen av AI och ML för en mer effektiv informationshantering. Industrin har länge utnyttjat AI/ML för att få ökade insikter ur enorma datamängder till stöd för ett snabbare och bättre beslutsfattande.

På samma sätt har AI/ML stort värde för underrättelsetjänsten. AI/ML med dramatiska avanceringar inom bland annat autonoma system, dataseende och naturlig språkbehandling erbjuder stora möjligheter för underrättelseverksamheten. Enligt en amerikansk rapport är det just underrättelseverksamheten som kan dra störst nytta av AI inom nationell säkerhet. AI kan gå igenom enorma mängder data från alla möjliga källor, lokalisera kritisk information, översätta språk, identifiera anomalier i data och hjälpa analytiker och beslutsfattare att se den större strategiska bilden bland de enorma datamängderna. För att nyttja de ökade datavolymerna behövs AI och automation av processer. AI kan fullständigt omvandla och snabba upp hela underrättelsecykeln genom att nyttja ny teknik som AI/ML, big data-analys och molntjänster. Genom en automatiserad insamling och bearbetning av data avlastas analytikerna från manuella och tidskrävande uppgifter. Därmed frigörs tid till analytikerna, som kan tillägna mer tid åt underrättelseanalys. Enligt Deloitte Consulting kan en all-sourceanalytiker som avlastas med AI-verktyg spara upp till 45 arbetsdagar om året. Denna frigjorda tid kan i stället användas för att öka kvaliteten på underrättelseanalysen.

Integration av molntjänster som parallellprocess

Delar av modern underrättelsetjänst kommer att behöva flytta till molnet och i högre grad integrera molntjänster som en del av verksamheten. Molnbaserad infrastruktur spelar en stor roll i underrättelseuppdrag eftersom det blir möjligt att utnyttja enorma datamängder från en mix av klassificerade data och öppna källor. Molnlösningar gör också att underrättelsetjänsten kommer bort från gamla system och hårdvara som inte längre är användbar och som dessutom utgör en risk att hantera. Därtill utgör molnlösningar en av de stora informationskällorna för den analys som fristående och privata OSINT-aktörer redan använder, och som underrättelse- och säkerhetstjänsten därför inte kan bortse från. Oaktat vad de fristående analyserna kommer fram till och hur korrekta de är utgör de en idéströmning och kunskapskälla som beslutsfattare kommer ta intryck av och som därför kommer behöva bemötas, antingen för att bekräfta – och förhoppningsvis även expandera på – vad de säger, eller förklara varför underrättelsetjänsten kommer till andra slutsatser.

I USA:s underrättelsesamhälle var CIA en av de första att integrera molntjänster. År 2013 undertecknade de kontraktet Commercial Cloud Service (CS2) med Amazon Web Services (AWS). CIA:s flytt till molnet planerades inte bara som ett utbyte av ett gammalt system utan lanserades som en enorm transformation av organisationen. De arbetade mycket med att skapa en kulturell acceptans hos medarbetarna, där högre chefer blev ombedda att regelbundet påminna sin personal om att molnet är en säkrare lösning. Dessutom gjordes informations- och kommunikationsteknologi till centrala delar av CIA:s verksamhet och underrättelseteamen gjordes om för att inkludera både datavetare, programmerare och analytiker. Detta belyser vikten av att hantera kulturfrågan hos medarbetare genom ett starkt ledarskap när det kommer till att göra förändringar inom underrättelsesamhället. Som redan nämnts var användningen av underrättelseinformation som ett publikt påverkansbudskap ett sådant brott mot den rådande kulturen att många instinktivt förutsatte att det inte kunde vara skarp information och skarpa analyser som skickades ut.

När det kommer till att integrera molnlösningar är säkerhetsfrågan den viktigaste barriären för underrättelsetjänsten. Att använda ackrediteringsstandarder är dock problematiskt eftersom dessa inte alltid är anpassade för att bedöma säkerheten med molnbaserade lösningar, utan är grundade i erfarenheter från äldre/nuvarande tekniska system. Det är därför av vikt att de högsta ledarna balanserar möjligheter och risker med molntjänster eftersom säkerhetsansvariga har rollen att identifiera risker i nya system. Säkerhetsfrågan är känslig nog, särskilt sett ur dessa organisationers och professioners kulturella perspektiv, när det gäller att koppla dem mot processer och system som har en lång tradition av att hållas så hemliga, inlåsta och frikopplade från externa parter som möjligt. Om det dessutom läggs ett AI- eller ML-lager på detta, och det finns en upplevd risk för att inlärningsdata »kontamineras« eller till och med aktivt påverkas av en motståndare, kan sådana lösningar lätt ses som problem och hot snarare än som en del av lösningen. Denna oro belyser även frågan om vem som kan och bör ägna sig åt AI- och ML-stödd analys. Hos säkerhetstjänster finns sannolikt de tekniska förutsättningarna för att kunna skapa fungerande och konstruktiva lösningar, men kulturen sätter som sagt käppar i hjulen för utvecklingen. Hos andra aktörer kopplade till samhällsviktig verksamhet visar digitaliseringsutvecklingen att det finns en kultur som accepterar den här sortens effektiviseringar, men det finns samtidigt en mängd exempel på bristande informationssäkerhetshygien, ofta på en grundläggande nivå, som sår tvivel om den nödvändiga tekniska kompetensen finns. Om AI-säkerhet då tillkommer som ytterligare en uppgift att hantera kommer kraven – som redan är svåra för många att uppnå – att växa ytterligare.

Vägen framåt

När det kommer till att integrera AI-teknik råder det ingen brist på tekniska lösningar. Dock saknas AI-kompetens inom underrättelsevärlden. Att nyttja den kompetens som finns inom näringslivet kommer därför att behövas eftersom de ligger i framkant inom AI. Underrättelsetjänsten ingår nya samarbeten med privata aktörer för att följa med i utvecklingen. För att lyckas med att integrera tekniken inom underrättelsesamhället blir det också avgörande att beslutsfattare ändrar sin attityd till risk. Riskerna med att agera bör ställas i relation till vilka risker som följer med att inte agera. Till exempel riskerar riskattityden inom underrättelsetjänsten att resultera i att integrera molnlösningar endast för icke-klassificerade data vilket leder till att de maximala fördelarna med molnlösningar uteblir.

Att modernisera underrättelsetjänsten genom att integrera AI/ML innebär en enorm omställning som genererar såväl tekniska som strukturella och kulturella utmaningar. Enligt flera rapporter är det kulturfrågan som är den största utmaningen: att förändra en kultur som präglas av en motvilja till förändring. Att göra denna förändring i en profession där den egna analysförmågan och tillgången till unik spetsinformation är centrala källor till stolthet förenklar knappast saken då en stor del av syftet är att låta »någon annan« – må det vara ett tekniskt system – hantera stora mängder av allmänt tillgänglig information. Motvilja till att samarbeta med den privata sektorn är ytterligare en kulturfråga som behöver hanteras. Som en rapport uppgav: att inte integrera AI kommer i *bästa* fall leda till att de konkurreras ut av privat sektor, men i värsta fall ödesdigra konsekvenser eftersom man hamnar långt efter motståndaren. På förhållandevis kort tid har vi sett en rad moderna konflikter som visat på detta problem. Det finns en komplexitet i hotbilden; en allt större svårighet i att se hela bilden; en breddad palett av metoder och möjligheter för påverkan; och en asymmetri i hur snabbt olika aktörer kan integrera och nyttja ny teknik, både i beslutsfattandet och på marken. Allt detta kräver nya angreppsätt på hur analyser genomförs och hur vi skapar en förståelse för en konflikt, må den vara ett fullskaligt krig eller gömd någonstans i det gamla gråzonsbegreppet.

Att nyttja privat sektor är en viktig framgångsfaktor för att inte bli utkonkurrerade. Många privata företag utnyttjar redan möjligheterna med OSINT och AI för att bedriva underrättelseverksamhet. Genom att kombinera maskindriven insamling och bearbetning med mänskliga analytikers bedömningar finns idag en hel del privata produkter och tjänster på marknaden som erbjuder tjänster som att upptäcka och övervaka hot. Ett exempel på detta är underrättelsetjänstföretaget Recorded Future som grundades av svenskarna Christopher Ahlberg och Staffan Truvé. Företaget har som vision att konkurrera ut de största underrättelsetjänsterna i världen genom att ha bättre data och bättre analytiker. Recorded Future är idag ett av världens största underrättelseföretag och har kunder i över 66 länder, inklusive 28 statliga kunder. Denna utveckling bör ge incitament till underrättelsetjänsten att anpassa sig till en ny tid och se möjligheterna med AI/ML för en modern underrättelsetjänst.

Sir David Pepper, tidigare chef över den brittiska signalspaningsmyndigheten GCHQ, med erfarenheter av att transformera GCHQ under 1990-talet för att anpassa verksamheten till den nya miljön av tilltagande terrorism och framväxten av internet (de lyckades med en enorm förändring) skriver: »a previously stove-piped and inflexible organization has become agile and responsive«. Under omvandlingsprocessen var nyckeln till framgång att integrera »best practice« från den kommersiella världen och sedan anpassa det efter underrättelseorganisationen. Med rätt ledarskap och hantering av kulturfrågan går det att nyttja den bästa tekniken för att kunna ligga före motståndaren och vara en relevant underrättelsetjänst.

AI och ML är redan faktorer som påverkar vårt samhälles säkerhet. Oavsett om det rör sig om system som används i öppen krigföring i vårt närområde eller om det rör sig om verktyg som används i det fördolda för att förvränga information, eller för den delen om de utgör en del av en möjlig motståndares planerings- och beslutsprocesser och som därmed påverkar dennes logik och rationalitet, gör de skillnad i vad vi ser omkring oss idag. Dessa verktyg och förståelsen för deras inverkan måste därför bli en del av hur säkerhets- och underrättelsetjänster tar sig an sitt uppdrag, både som en del av vilka osäkerhetsfaktorer som måste beaktas och som en del av verktygslådan för att skapa ny säkerhet i en snabbt föränderlig värld.

8. Den märkliga manicken

Nicklas Berild Lundblad, doktor i informatik

Låt oss anta att en främmande intelligens en dag besöker jorden. När den återigen beger sig hemåt lämnar den efter sig en maskin som kan göra olika förutsägelser om komplexa system. Maskinen har dessutom nästan alltid rätt. Det finns emellertid ett problem; ingen vet hur den fungerar. Om detta verkligen hände, skulle vi se denna maskin som en gåva eller som en förbannelse? Kanske rent av som en sorts subtil attack mot mänskligheten och dess framtid?

Det är lätt att se maskinen som ett hot. För om vi blir beroende av den för att bygga ny teknik eller fatta politiska beslut, riskerar vi att dessa beslut blir påverkade av den främmande intelligensen – vi vet ju inte om den på något sätt kan kontrollera svaren. Kan den styra oss i en viss riktning? Är maskinen beroende av något yttre villkor som vi inte känner till? Kan den sluta fungera när som helst? Finns det vissa problem som den inte klarar av?

Även om maskinen inte påverkar besluten tycks det finnas ett problem i att vi kan bli beroende av den. Säg att den genomgående ger bättre förutsägelser än vi kan producera själva, och att vi därför långsamt tappar förmågan att själva analysera, förklara och förstå komplexa sammanhang – skulle det i sig kunna vara tillräckligt för att neutralisera oss som civilisation? Skulle vi därmed bli passiva mottagare av kunskap, inte utforskare eller producenter av sådan kunskap?

Vi måste också vara tvungna att förhålla oss till maskinen i vetenskapliga sammanhang. Säg att den lyckas formulera nya naturlagar, som vid beräkningar visar sig vara mycket användbara – men vi vet inte riktigt hur maskinen kommit fram till dessa naturlagar och vi kan fortfarande inte foga samman dem med vår egen naturvetenskap. Det uppstår därför en märklig avgrund mellan den naturvetenskap som vi människor har producerat och en ny naturvetenskap som visserligen tycks ge oss olika förutsägelser som vi kan testa, men vi är inte säkra på vad det är som gör att dessa förutsägelser fungerar.

I en mening representerar maskinens förutsägelser en ny form av kunskap – kunskap utan förståelse. Bör vi lita på sådan kunskap? Har vi råd att förkasta den?

Dessa frågor är inte teoretiska, och den främmande intelligensen vi talar om här är inte en utomjordisk intelligens, utan en intelligens som vi har byggt själva, det vill säga alltmer komplex artificiell intelligens. Frågan om kunskap utan förståelse är en fråga som blir alltmer relevant för oss i olika sammanhang: medicin, ekonomi, fysik, matematik och vårt vardagliga liv.

I det längre loppet kan artificiell intelligens komma att ställa oss inför frågor om hur vi ser på förklaringar, förmågor och förståelse – och om vi kan tänka oss en kunskap som ger förmåga utan förståelse och förklaringar.

Kylskåpets mysterier

Den skeptiske kan med rätta fråga om detta är ett verkligt problem. Det tycks uppenbart att kunskap, förklaring och förståelse inte är enkla att relatera till varandra ens i vardagssammanhang. Det är en försvinnande liten andel människor som kan förklara hur ett kylskåp fungerar, men trots detta anser vi nog att vi förstår hur kylskåp fungerar. De gör att det blir kallt så matvarorna håller längre – även om vi inte vet exakt varför kyla gör att matvaror håller sig längre. Kunskap och förståelse är ganska löst sammanfogade i samhället i stort. Våra förklaringar är för det mesta mycket lågupplösta, grovkorniga bilder av vad det egentligen är som händer – och ändå upplever vi nog att vi förstår ett kylskåp och har kunskap om det.

Men finns det inte en skillnad här? Om vi vill kan vi ta reda på hur ett kylskåp fungerar och verkligen gå till botten med det. Vi kan lära oss att bygga ett kylskåp från grunden. Det finns således inga formella hinder för oss om vi vill förstå tekniken bakom kylskåpet till fullo.

Vi kan, om vi vill, öka upplösningen i förklaringarna och därmed fördjupa förståelsen. Är inte det möjligt med artificiell intelligens också?

Här finns åtminstone två olika vinklar att utforska.

För det första kan vi fundera på om det är möjligt att konstruera något som vi inte förstår eller kan förklara, eller om vi förstår allt vi kan konstruera. Det tycks inte finnas några principiella invändningar mot att tro att vi kan bygga en maskin som är så komplex att vi, på någon nivå, inte kan förutsäga *hur* den kommer att fungera. Vi vet att det finns ganska enkla system som snabbt blir oförutsägbara. Men betyder det att vi inte kan förklara hur de fungerar eller förstå dem?

Tänk på ett datorprogram. Om vi skriver ett datorprogram kan vi inte förutse alla olika sätt det kommer att bete sig på – vi vet att det kommer att finnas buggar och andra problem med det, och att det kommer att behöva uppdateras på olika sätt. Samtidigt kan vi, när vi springer på ett problem, förstå hur det uppkommit och förklara hur vi kan åtgärda det. Om vi upptäcker en säkerhetsbrist kan vi undersöka det i detalj och skriva en säkerhetspatch, exempelvis.

Vi förstår programmet och kan förklara det i efterhand, även om vi inte kan förutsäga hur det kommer att bete sig på förhand. Vi kan därför anpassa programmet om det beter sig på ett sätt som vi inte önskar. Frågan är om detta gäller för alla datorprogram, eller om vi kan tänka oss ett datorprogram som inte bara är omöjligt att förutsäga, utan även omöjligt att förklara eller förstå i efterhand. I så fall skulle det betyda att vi inte kan anpassa programmet, eller justera det för att förhindra framtida problem.

Ett sådant datorprogram skulle vara vad vi ibland kallar en svart låda – ogenomskinlig och otillgänglig för oss efter det att vi skrivit det. Kan vi verkligen konstruera svarta lådor? Svaret på den frågan är ett obetingat »ja«. Även rätt enkla program kan vara både omöjliga att förutsäga och omöjliga att förklara och förstå.

En svart låda kan uppstå på en mängd olika sätt – antingen genom inre komplexitet eller yttre komplexitet. Ett program kan vara extremt stort och komplext i sig självt och därmed passera bortom förståelsehorisonten. Det kan vara sammankopplat och samverka med en mängd andra system och därmed uppnå den grad av komplexitet som gör det otillgängligt för detaljerade förklaringar. I det senare fallet uppkommer en intressant smittoeffekt: om du interagerar med ett sammankopplat system av system där ett enda system är en svart låda, ja, då är hela det resulterande totalsystemet också en svart låda.

Det är inte osannolikt att detta är sant redan idag! Många system vi interagerar med är så komplexa att de inte enkelt kan förklaras, och vi vet inte ens i efterhand varför något gick fel. Sam Arbesman (2017) har förtjänstfullt dokumenterat ett antal exempel i boken *Overcomplicated*, och diskuterar där hur en ytterligare dimension – tid – inverkar på problemet. Många av de system som samhället bygger på idag dokumenterades aldrig, så de förklaringar och den förståelse som fanns en gång i tiden är nu borta, och det betyder att alla uppdateringar och vidareutvecklingar av systemen också blir svåra att förstå. Vi har alltså redan byggt ett antal system som vi varken kan förutsäga, förklara eller förstå i detalj.

För det andra kan vi fundera över distributionen av förståelse och förklaringsförmåga. När vi säger att »vi« har kunskap om något och förstår det, säger vi inte att alla människor förstår ämnet i fråga. Vi tvekar inte alls om att säga att vi, som civilisation, har massor av kunskap om fysik, matematik och kemi – även om inte alla i hela världen förstår ämnena. Det tycks räcka med att det finns en grupp människor som har en högupplöst förståelse och förstår hur kunskapen produceras.

Det kan tyckas fånigt att fråga hur stor den gruppen måste vara för att vi verkligen skall kunna vara säkra på att »vi« har kunskap om ett ämne, men just den frågan är viktig – den gör det nämligen möjligt att tala om skillnaden mellan institutionell och individuell förståelse. Om det finns ett fåtal personer som förstår en viss teori kan vi knappast säga att vi, som samhälle, förstår den. För att vi skall kunna säga att det finns en samhällelig förståelse fordras en institutionell förståelse, som kan reproduceras i olika sammanhang och som vi kan säkerställa en viss kontinuitet hos.

Denna institutionella förståelse förlitar vi oss på när vi säger att vi har samhällelig kunskap i ett ämne och de institutioner som vi förlitar oss på – universitet, skolor, expertorganisationer m.m. – är en sorts kunskapens ankare som ser till att vi inte driver iväg och förlorar vår gemensamma förståelse av en komplex teknik eller teori.

Dessa institutioner har inte heller bara dykt upp. Vi har, som samhälle, ägnat betydande arbete åt att försöka bygga upp en rimlig fördelning av förståelsen av en alltmer komplex kunskapsmassa. Det är vi som utformat och nogsamt konstruerat olika ankare för kunskapen.

Frågan är om vi nu behöver konstruera ett nytt sådant ankare – och om vi kan göra det »utan människor«.

I kunskapssamhället är arbetsdelningen huvudsakligen intellektuell. Vi fördelar arbetet med att förklara och förstå olika system över olika institutioner. Kan vi tänka oss att dela detta ansvar med en artificiell intelligens? Låt oss börja med ett exempel: vi är i dag trygga med att det finns ingenjörer som kan bygga kärnkraftverk. Vi säger att vi, som samhälle, förstår och kan förklara kärnteknik för att det finns en grupp som kan bygga exempelvis just kärnkraftverk. Vår förståelse är förankrad i vår förmåga att konstruera och förklara för en delmängd personer hur något fungerar.

Vi kräver absolut inte att alla skall kunna bygga kärnkraftverk. Faktum är att vi inte ens kräver i teorin att alla skall kunna det, för att säga att vi som samhälle har den här kunskapen. Det räcker med att det finns en grupp som klarar av det, och kan lära ut det till nästa generation.

Samhällelig kunskap tycks alltså vara beroende av en förmåga att konstruera olika system och överföra kunskapen till en ny generation som kan föra den vidare.

Antag nu att vi vill bygga en fusionsreaktor. Vi vet att detta tidigare varit omöjligt för att vi inte kan – förenklat – hantera plasman säkert. Med ny maskininlärningsteknik har det emellertid visat sig vara möjligt att kontrollera plasman mycket bättre än med mänskliga ingrepp. Låt oss anta att vi kan lösa alla andra problem kring fusion och att vi nu har en fungerande fusionsreaktor, där AI kontrollerar plasmakärnan. Kan vi då säga att vi har samhällelig kunskap om hur man bygger fusionsreaktorer?

Ur ett perspektiv tycks det uppenbart att vi har det: vi har de facto byggt dem. Men hur är det då med den där komponenten som gör det som ingen människa kunde göra? Plasmakontrollen? Det är, skulle vi kunna säga, inte viktigt – lika litet som det är viktigt att en lyftkran kan lyfta mer än en människa. Att mänsklig intellektuell förmåga ersätts är inte annorlunda än att fysisk förmåga ersätts. Fast stämmer det? Lyftkranen fungerar enligt regler som vi tydligt förstår och kan förklara – här vet vi bara att maskininlärningssystemet tycks ha en unik förmåga att hantera plasmakärnan. Vet vi varför? Kan vi förklara hur vårt system gör detta?

Återigen tycks det uppenbart att vi kan det: vi byggde ju maskininlärningssystemet! Vi vet att det baserar sig på en viss typ av matematik, och vi vet att den matematiska funktionen som styr systemet utvecklats genom en unik lärandeprocess som vi designat. Att denna funktion i sig är så komplex att vi inte förstår den, tycks inte vara ett problem. Vi kan förklara allt detta: det är matematik.

Fusionsreaktorn och lyftkranen är båda exempel på system som överträffar den mänskliga förmågan på olika sätt. Det betyder inte att de inte kan förklaras eller förstås, skulle vi kunna säga. Det finns dock ett problem här, och det har att göra med hur system går sönder.

Vi vet hur lyftkranen går sönder. Den kan lyfta en viss vikt i vissa vinklar. Vi kan förutsäga om den kommer att klara av olika uppgifter och förutsäga om och när den kommer att misslyckas. Det gäller inte för fusionsreaktorn. Vi vet att den fungerar i en mängd olika sammanhang, men om någon begär att vi skall specificera de villkor under vilka den kommer att fallera, blir det genast svårare. Vårt maskininlärningssystem har tränats på en mängd existerande data, och tycks fungera alldeles utmärkt med nya data, men kan vi säga med exakthet under vilka förutsättningar denna förmåga kommer att fallera?

Det här är en öppen fråga, men svaret är förmodligen att vi har mindre förmåga att förutse hur vårt maskininlärningssystem fallerar. Det leder till en intressant fråga – är att förstå ett system kanske ytterst att kunna förklara hur och när det går sönder, snarare än att kunna konstruera systemet i fråga? Är systemets gränser mer intressanta för förståelsen än dess arkitektur?

Förklarlig AI

Det pågår ett intensivt forskningsarbete kring olika metoder som kan användas för att skapa »förklarlig« artificiell intelligens, dvs. AI som fungerar på ett sätt som människor i allmänhet kan förstå. Detta i sig är fascinerande: inom vilka andra teknikområden ser vi detta? Finns det några insatser för att försöka bygga förklarliga bilmotorer? Har kemin som vetenskapligt område försökt ta fram en teori om förklarliga alkaloider? Vad är det som driver denna forskningsinsats?

Till stor del bygger det på insikten om att de system som vi bygger idag är svåra att förstå och deras förutsägelser eller funktioner kan vara svåra att förklara. Detta problem – problemet med just den svarta lådan – har länge varit ett känt problem i forskningen kring artificiell intelligens och om vi inte helt enkelt accepterar det och ger upp, så måste vi försöka hitta nya metoder för att förklara systemen.

Strategierna här varierar. En del handlar om att hitta rätt upplösning: handlar det om att förstå varje variabel och vikt i systemen eller handlar det om att förstå systemen på aggregerad nivå? Andra insatser handlar om att försöka skapa en sorts språk för att systemen skall kunna förklara sig – genom att visualisera datamängder eller visa hur olika slutsatser bygger på olika delar av datamaterialet kan vi efterlikna den mänskliga förklaringens mekanik.

Det är fortfarande en öppen fråga om detta är möjligt. Kan vi bygga alltmer komplex AI, med allt större förmåga att förutsäga olika system, och bevara förmågan att förklara exakt hur de gör sina förutsägelser? Kan vi göra det på en nivå som vi förstår och som samtidigt är detaljerad nog för att vi skall kunna reproducera denna förståelse i de institutioner som vi litar till idag? Kan vi koppla ihop den kunskap som dessa system ger oss med den kunskap vi har producerat själva?

Det är inte svårt att föreställa sig en värld i vilken vi har en mänsklig fysik, där vi kan förklara alla begrepp och beräkningar, och en AI-fysik som är suverän på att förutsäga fysiska system, men där vi inte vet hur dessa förutsägelser förhåller sig till våra tidigare insikter i fysikens lagar.

Det finns också en möjlighet att vi kommer till en punkt där vår förståelse av de insikter och den kunskap som produceras i ett AI-system kommer att bero av att vi utvecklar ett nytt språk. Kanske måste vi finna oss i att dela språket med AI, och låta AI utveckla nya begrepp. Där vi talat om strängar och kvarkar, kanske AI kommer att beskriva, säg, »wesamer« och »PQ-rum« som nya fysiska begrepp som gör att teorierna kan fogas samman på olika sätt.

Resultatet skulle kunna bli en fascinerande situation där vi är lika oense om vad dessa nya AI-skapade begrepp betyder som vi faktiskt är om många av de existerande fysikaliska begreppen.

Språket blir då en förhandling om förståelse och förklaring i bred mening, där vi accepterar vissa nya grundläggande begrepp och axiom. Detta – en sorts överenskommelse om nya byggstenar i kunskapen – skulle kunna vara en väg framåt. Dagens fysik utgår från ett fåtal grundläggande krafter som gravitationen – kanske kan vi utgå från ett antal helt andra grundläggande krafter i framtiden, som upptäckts i avancerade kunskapsmodeller?

Förklaring, förståelse och förmåga i demokratin

Detta kan tyckas vara en teoretisk diskussion, och till viss del är den här essän tänkt som ett tanke-experiment där vi utforskar hur kunskap, förståelse, förklaring, förutsägelse och förmåga hänger ihop. Det är en uppsättning snabba skisser av ett problemlandskap som jag tror kommer att bli viktigare i en nära framtid.

Det finns emellertid också mer allvarliga aspekter av den här diskussionen. En sådan aspekt är den observation som filosofen Daniel Dennett gjort: att vi evolutionärt utvecklats att tro att förmåga och förståelse hänger ihop. Så fort vi sett någon med en extraordinär förmåga så har vi antagit att de också har en viss förståelse för vad de gör. Det gäller inte för de olika AI-system som nu växer fram.

En generativ AI-modell som kan skapa fantastiska bilder förstår inte konst eller estetik, och försöker inte heller uttrycka något. Den har en stor förmåga utan förståelse. Andra system som kan förutsäga exempelvis väder eller medicinska förlopp har inte heller någon djupare förståelse av meteorologi eller läkevetenskap. Vi kan helt enkelt inte förutsätta att förmåga och förståelse är sammankopplade längre.

Det är viktigt, eftersom vi annars skulle kunna tro att vi kan delegera en större mängd beslut till dessa system än vad vi borde. Vi kanske tror att ett system som tycks utmärkt på att bedöma straffvärdet i ett brottmål också förstår hur rättssystemet i sin helhet fungerar, och därmed undgå att se hur viktigt det är att människor dömer människor för systemets legitimitet (just nu, i alla fall).

Användning av AI fordrar en grundläggande analys av hur förmåga och förståelse hänger ihop i olika sammanhang. Demokratiska beslut måste också leva upp till en viss förklaringsnivå. Här räcker det inte att peka på systemet och säga att »computer says no«, om vi vill behålla den institutionella och demokratiska legitimiteten i besluten. Det är centralt att besluten inte bara kan förklaras utan också berättigas på olika sätt. Det har sagts att svarta lådor i förvaltningsbeslut vore förödande för demokratins legitimitet – oavsett beslutens kvalitet – och det finns skäl att ta den diskussionen på allvar.

Förståelse, förklaringar och förmåga är nyckeln till hur vi lever ihop, som människor, i en alltmer komplex vardag.